本书受北京市教委一般项目"老龄化背景下养老金融发展研究"（项目号：SQSM201610011009）资助

渐进改革、路径依赖和国家自主性

——中国"统账结合"养老金模式形成的原因

杨建海 著

中国财经出版传媒集团

经济科学出版社

Economic Science Press

图书在版编目（CIP）数据

渐进改革、路径依赖和国家自主性：中国"统账结合"养老金模式形成的原因/杨建海著 . —北京：经济科学出版社，2017.12

ISBN 978 - 7 - 5141 - 8913 - 1

Ⅰ.①渐… Ⅱ.①杨… Ⅲ.①退休金 - 劳动制度 - 研究 - 中国 Ⅳ.①F249.213.4

中国版本图书馆 CIP 数据核字（2017）第 322091 号

责任编辑：王东岗
责任校对：靳玉环
版式设计：齐　杰
责任印制：邱　天

渐进改革、路径依赖和国家自主性
——中国"统账结合"养老金模式形成的原因
杨建海　著
经济科学出版社出版、发行　新华书店经销
社址：北京市海淀区阜成路甲 28 号　邮编：100142
总编部电话：010 - 88191217　发行部电话：010 - 88191522
网址：www. esp. com. cn
电子邮件：esp@ esp. com. cn
天猫网店：经济科学出版社旗舰店
网址：http：//jjkxcbs. tmall. com
固安华明印业有限公司印装
710 × 1000　16 开　10.75 印张　210000 字
2017 年 12 月第 1 版　2017 年 12 月第 1 次印刷
ISBN 978 - 7 - 5141 - 8913 - 1　定价：40.00 元

前言

20 世纪 80 年代以来，世界范围内掀起了一波养老金改革的热潮，几乎所有国家都尝试或进行了养老金制度的改革。其中改革的原因大致相同，一是因为人口老龄化导致养老基金支出压力的增加；二是经济增速变缓或者经济结构调整所造成的社会结构变化。一方面需要增收以缓解支出压力；另一方面需要对制度进行结构调整以适应新型社会结构下就业状况的变化。因此，多数国家开始了对养老金制度的改革。

归纳起来，养老金改革模式大致可以分为三种：一是以智利为代表的拉美国家所进行的基金积累式改革，是对原有现收现付式的彻底颠覆；二是以 OECD 国家为主的参数式改革，方式是巩固最低养老金、削减政府养老金、增加职业养老和扩大私人养老金，是对原有现收现付式的调整；三是以中东欧原社会主义转型国家为主的名义账户式改革，主要是改变养老基金的记账方式以适应人口、经济条件的变化，本书认为这是对前两种模式的折中，也是养老金财务模式的一种创新。

与此同时，我国在改革开放和经济体制改革的大背景下，也开始了养老金制度改革的探索。经过十多年的试点、摸索，最终于 1993 年的中共十四届三中全会上提出了社会统筹和个人账户相结合的建议，经过十多年的调整，在2005年统一了社会统筹和个人账户的缴费比例之后，"统账结合"模式才算最终定型下来并延续至今。这样就引出了本书所要研究的问题：为什么各国进行养老金改革的原因大致相同，而采用的改革模式却迥然各异？为什么我国的改革没有采用上述三种模式之一，尤其是和我国改革背景类似的中东欧国家所普遍采用的名义账户模式，而采用了独特的"统账结合"模式？是什么原因影响着各国的模式选择？我国选择"统账结合"模式又是受哪些关键因素影响和制约？

解释和回答问题需要理论支撑。带着上述问题，本书开始了对福利模式理论的搜索，经过各相关理论的比较分析之后，本书选择了历史制度主义这一理论来对"统账结合"养老金模式形成的原因进行解读。经过研究分析，本书认为经济体制改革所采用的方式，原有养老金的制度结构，以及国家主导政策变迁能力的强弱，是影响和左右我国养老金模式选择的关键因素。

文章主体部分包括七章：

第1章，导论。主要介绍研究背景，阐释研究问题和进行研究综述。在文献综述部分，重点介绍西方国家关于历史制度主义和福利国家发展模式的研究，以及国内在此方面研究的不足。

第2章，解释养老金改革模式选择的理论依据：历史制度主义。主要是对历史制度主义理论的选取进行解释。首先对工业主义、社会民主主义等福利国家理论进行分析，认为它们均不能对我国养老金模式形成的原因提供有效解释；其次是介绍为什么选择历史制度主义对这一问题进行解释，本书认为历史制度主义的比较历史分析和制度结构分析，很适合解释我国养老金改革的独特背景，以及对变迁中的制度结构进行解析；最后是对历史制度主义理论进行详细阐释，包括理论起源、核心观点和分析架构。

第3章，转型国家养老金改革的历史制度分析——以智利、波兰为例比较分析是历史制度主义的核心研究方法，同时进行国际比较也有利于定位本国的制度特征。本章选取了两个经济转型国家的养老金改革进行比较：一个是20世纪80年代初期进行改革的智利，因其首创养老金私有化改革而著称于世，我国在选择"统账结合"模式前夕也对这个国家的养老金制度进行过详细考察和研究；另一个是改革背景和原制度结构都和我国类似的波兰。通过利用历史制度主义的分析方法，在对两个国家养老金改革的原因、历程和结果分析之后，认为经济改革方式，先前制度结构、国家自主性的强弱和制度转轨成本是制约改革路径选择的关键因素。

第4章，是对我国计划经济时代养老金制度进行回望和总结。了解过去才能认清现在。本章首先对计划经济时代的养老保险制度进行了回顾，在此基础上总结了传统制度的特征及其存在的缺陷，发现这些传统制度特征和计划经济体制是不可分开的，或者说是捆绑在一起的，一旦面临计划经济体制的松动，传统制度存在的缺陷就会立即浮现出来。事实证明也是如此，当改革开放政策在20世纪70年代末80年代初一经启动，立即动摇了传统养老金制度的根基，虽然这个时期的影响还不甚明显，却真切地激发了养老金制度改革的萌动。

第5章，渐进改革和试点先行：养老保险制度改革的探索（1984~1990年）是介绍20世纪80年代养老金制度的改革探索。随着改革开放的逐步深入，进一步动摇了传统养老金制度存在的基础：财政税收体制的改革彻底割断了企业财务和国家财政的联系，从而动摇了制度的财务基础；民营经济的发展带来了灵活的劳动用工机制，随着就业人口的增多，这部分职工的养老问题也就开始提上议事日程。所以，养老金制度被迫开始了改革。这一时期的改革探索是以养老保险费用的社会统筹试点为起始，主要目的是解决当时一些企业的养老财务危机，其标志是1986年颁布的《国营企业实行劳动合同制暂行规定》，不仅对社会统筹做出了具体规定，还首次规定个人要缴纳养老保险费，为后来费用分摊机制的确立奠定了基础。

第6章，体制转型和模式选择："统账结合"模式的形成（1991~2005年）。是研究20世纪90年代以来养老金模式的选择、调整和定型。随着90年代初期建立社会主义市场经济体制目标的确立，为经济体制改革配套的社会保障制度改革也进入了深水区。十四届三中全会提出养老和医疗保险要"实行社会统筹和个人账户相结合"不久，1995年旋即出台了实施"统账结合"模式的两个办法，后来又经过1997年的制度整合和2000年比例分担的试点，到2005年统一个人账户缴费比例之后，最终定型了我国基本养老保险制度为"统账结合"模式。本书认为十四届三中全会的召开是选择"统账结合"模式的关键时刻，如果没有当时全面建立社会主义市场经济制度的定性，制度如何走向很难做出预测。

第7章，结论。通过对我国养老金制度的演变及其影响因素分析，本书认为我国之所以选择"统账结合"制度，而没有选择其他改革模式，是因为：我国渐进式经济体制改革决定了社会政策不可能以激进的方式进行；对原有现收现付模式的路径依赖，也制约着新制度不可能偏离现收现付制模式太远；威权型国家强大的国家自主性在很大程度上主导着社会经济政策的发展方向。基于上述三个关键原因，我国养老金制度改革只能走"中庸"路线，采取折中式的"统账结合"模式。

从上述篇章结构可以看出，本书是把我国养老金制度改革置于经济体制改革的大背景下展开分析。这种方法是历史制度主义分析范式的基本要求，这样分析更有利于看清事件的来龙去脉，便于清晰探究制度的结构特征以及促进变迁的关键影响因素，特别是对独特事件的分析，既然没有相同性质的事件可做比较，只能从历史中探寻制度变迁的因果逻辑。这是历史制度主义分析方法的一大优势，亦是本书的理论创新之处。应该说，目前国内使用历史制度主义的分析范式对养老金制度进行研究的文章少之又少，更不用说对"统账结合"模式的研究了。所以，本书的理论贡献在于：一是介绍了一种新的分析范式来研究社会政策的形成和变迁，也即提供了一种新的理论工具；二是在对"统账结合"模式形成原因给出合理解释的同时，也为研究我国养老金制度提供了一个全新的视角。

本书的不足部分包括：一是缺少量化实证的研究，这也是历史制度主义分析范式为人诟病之处；二是本书使用的多是二手材料，缺少对制度改革亲历者的调查访问，可能会引人质疑研究的可信度；三是是否还存在其他关键变量在制约着"统账结合"模式的形成。这些都需要在进一步的研究中给予完善。

杨建海
2017 年 11 月 19 日

目录 contents

第1章

导　　论

1.1　问题的提出

在20世纪80年代以前，多数国家的养老金制度一般遵循两个传统，一个是贝弗里奇养老金（Beveridgean Pension），它通常遵循济贫的传统，以一般性税收为财政基础，主要解决的问题是防止人们陷入贫困，受益条件与个人缴费关联性不大；另一个是俾斯麦养老金（Bismarckian Pension），它遵循社会保险的传统，财务基础是企业和个人缴费，目的是保障退休人员的收入替代，受益条件与个人缴费关联性很强。无论以上两种养老金模式存在多少差异，但其共性是明显的，二者都具有公共的、非积累的、现收现付的特征，并且具有不同程度的再分配性质。

但是，随着20世纪70年代两次石油危机的发生，发达国家高速增长的经济开始呈现衰退之势，失业率也随之上升，这就导致了以经济增长和充分就业为基础的现收现付制养老金制度开始动摇，加上经过几十年的运营所导致的养老金制度内老龄化开始涌现，特别是货币主义取代凯恩斯主义成为经济政策的主流，使得发达资本主义国家日益觉察到养老金的支付压力。由此，"福利退却"在发达资本主义国家内部慢慢形成一股潮流，并导致了各国或多或少的进行了养老金项目调整或模式转换。受其影响，世界上大多数国家特别是拉丁美洲和中东欧社会主义转型国家，伴随着经济的转轨和社会的动荡，也纷纷开始了各自国家养老金模式的改革，由此在全世界范围内掀起了养老金改革的浪潮。

总结起来，始于 20 世纪 80 年代的养老金改革，其方向或趋势大致可以分为三种类型：第一种是以 OECD 国家为代表的"参数式"改革（parametric reform），主要对该国的养老金项目、参数进行调整，采用的方式主要包括延长退休年龄、提高缴费率、严格退休待遇给付条件、增加补充性的职业养老金等手段；第二种是以智利为代表的拉美一些国家所进行的养老金"私有化"改革，这种改革方式是把过去的"现收现付制"财务模式转化为目前的"完全积累制"或"部分积累制"，是对养老金财务制度进行彻底的"范式性"改革（paradigmatic reform）；第三种是以瑞典、波兰等国家为代表的"名义账户制"（notional defined contribution accounts）改革，它们通过对传统养老金制度进行改造，把待遇结构从待遇确定型转换成缴费确定型，但是仍然保留了非积累性特征，使其兼有了"现收现付"和"基金积累"两种制度的性质，也就是在名义上实行基金积累，实质上仍然现收现付的养老金制度。

与此同时，由于我国改革开放政策的实行，改变了公有制一统天下的经济制度，也由此动摇了现收现付制养老金制度的经济基础，加之国有企业经营情况的滑坡和劳动用工制度的改革，逼迫我国不得不对养老金制度进行改革。经过 10 多年不断的试点、探索，并对各国养老金改革模式进行考察、学习之后，在中共十四届三中全会通过的《决议》上提出养老保险要实行"社会统筹与个人账户相结合"（简称"统账结合"），后来又经过几年的调整、统一和完善，最终于 2005 年把"统账结合"定型为我国基本养老保险制度的基本模式。"统账结合"模式既含有社会统筹性质的现收现付养老金，也包括完全积累的个人账户养老金，是一种典型的"混合"型养老金模式，它从性质上既不同于中东欧实行的"名义账户"模式养老金，也与拉美国家的"个人账户"式养老金模式相去甚远，可以说是一种"独特"的养老金模式，或者说是一种"中国特色"的养老金模式。

基于上述养老金改革的描述，本书所要提出的问题是，在同样面对人口老龄化和经济形势变化所带来的养老金支付压力之下，各国在进行养老金改革时，为何其改革路径和模式选择是如此的不同，也即共同的原因缘何产生如此迥异的结果？为什么有的国家在改革时进行了激进式的范式性改革，而有的国家只能进行有限的参数式调整？为什么在同样进行范式性改革的国家，有的选择了"基金积累制"，而有的国家选择了"名义账户制"？最为重要的是，为什么我国在这次改革的大潮中，没有跟随其他国家进行类型化改革，比如实行名义账户制或基金积累制，而偏偏选择了独具中国特色的"统账结合"模式？在回答这个问题时，必然需要解释的是什么关键因素决定了中国模式选择？以及这些关键因素是怎样决定我国进行养老金模式选择的？以上疑问都是本书所试图解答的。

解答问题的关键是选择什么样的研究方法以及怎样操作所选研究方法的问题。社会科学研究方法有两个传统，一是解释传统；另一个是解读传统。对社会政策的形成、发展和变迁的解释和解读由来已久。解读的传统专注于理解人类活动在特定文化条件下的内涵意义，而解释传统的目的是寻求具体事物或事件的内在机制以及与之相应的因果、辩证、对话型或历史性的关系[1]。这两种对问题的认知方法各有长短，在许多情况下需要二者的相互补充。在社会福利理论发展史上，对社会福利制度的解析当推蒂特马斯对社会政策的三种模式区分（剩余型、工业成就型和再分配型福利模式）和艾斯平·安德森对福利国家三种模式的划分（自由主义、保守主义和社会民主主义福利制度）最为经典，在其之前或之后学界也使用了许多其他理论对福利制度或福利国家进行阐释，比较有影响的包括工业主义理论、马克思主义理论、多元主义理论以及国家中心主义理论等。而对养老金制度的形成和发展的解释就是借用了这些社会科学理论或方法，过去主流的研究方法主要包括社会民主分析法（强调权力资源为谁所掌控）、新马克思分析法（强调社会福利是控制社会的手段）、工业制度分析法（强调工业发展既是福利国家的原因也是福利国家的前提）、新多元主义分析法（强调利益集团的相互博弈）和国家中心分析法（强调国家的参与以及历史对现在的影响）等。

---

[1]　赵鼎新：《社会与政治运动讲义》，社会科学文献出版社，2006 年版。

近年来，随着新制度主义政治学的兴起，利用制度分析法来解构养老金制度在西方学术界悄然升起，并逐渐呈现蔚为壮观之势。其中历史制度主义以其对社会制度进行中观分析的视角，兼顾制度结构分析和历史比较分析的方法，在对养老金等社会福利政策解释的过程中逐渐引起人们的关注，并引起学界人士的纷纷效仿。

1.2 　研究主题和核心观点

在国外的社会科学研究中，对福利制度源起和形成的研究一直是比较重要的研究领域，其中最重要的是对养老金和医疗保健项目的研究。尤其是20世纪80年代以来各国养老金制度改革所呈现的多样性，更是引起了社会科学家的关注，由此诞生了一批重量级的研究人员和经典研究成果。可是，我国学术界对我国福利制度的起源或生成原因的研究方面，却是基本上处于万马齐喑的局面，在仅有的研究中，也是多着眼于东亚福利模式或中国特殊的福利模式，对我国基本养老保险制度的研究更是少得可怜。

在20世纪末期的养老金改革浪潮中，中国选择了和其他国家相异的"统账结合"模式。本书在和其他改革模式比较和对养老金历史回溯分析中发现，我国的选择的养老金模式既不同于"激进"改革的智利模式，也不同于中东欧国家采用的"名义账户"模式，同样也与欧美发达国家的"参量式"改革相去甚远。那么，是什么原因导致了我国选择了这个"独特"的"统账结合"模式？本书所试图回答和解释的就是这个主题。笔者试图通过对我国养老金制度改革历程的再现，经济社会等相关影响因素的分析，我国原有养老金制度的解构，影响改革关键变量的梳理和总结，以及和国外养老金制度改革的比较分析，找出影响我国基本养老保险制度生成的深层次原因。

本书研究发现，在我国渐进主义改革路线的大政方针指引下，全社会以经济发展为优先的政策目标影响下，作为社会政策的养老保险制度不可能进行激进式的改革，也就是说渐进主义经济体制改革的思路决定了养老保险制度改革的渐进主义取向；依照历史制度主义的观点，在制度改革过程中，对原制度的"路径依赖"（path dependence）则始终强力影响着制度模式的选择，它确保制度不可能太过偏离原有的制度模式；加之，我国自从新中国成立以来，遵循强势国家的传统逻辑，国家在社会政策的制定过程中发挥着相当重要的作用，国家自主性表现得尤为明显，当然养老保险制度的改革亦不例外。综合以上几个关键因素，笔者认为基于我国的政治制度结构特征，渐进主义改革的基本路线方针，以及计划经济时代已经成型的养老金制度体系，加上改革开放以来国际、国内各种社会经济条件的影响，最终导致了我国"统账结合"模式的形成。同时，本书还将通过对与我国改革背景相类似的中东欧转型社会主义国家，尤其是波兰的比较分析，归纳梳理出养老金改革模式的形成有极强的社会历史和制度结构原因，以佐证本书对我国养老金改革模式生成原因的解释。

1.3　研究意义和理论创新

第一，从研究方法上看，本书利用历史制度主义的分析范式来解释我国"统账结合"养老金模式的形成，在国内还是一种尝试，有可能开辟一种新的分析路径，引入一种养老金制度分析的新范式。历史制度主义始于 20 世纪西方国家对社会运动和社会革命的研究，它以独有的历史和制度分析特别适用于对制度生成和变迁的研究，所以在世界性养老金改革的大潮中，这种研究范式广为西方学术界使用，分析制度的变迁过程以及产生的结果差异。中国作为世界上人口最多的国家，养老金制度的任何变动都会引发众多的利益调整，从而造成重大的社会影响，可是我国学术界对养老金制度生成和变迁的研究却乏善可陈，尤其表现在研究方法的使用上。

第二，对我国基本养老保险制度的形成原因进行深层次探究，并归纳总结影响改革的关键变量，对于认清这一制度的改革变迁的本来面目，澄清对我国养老金制度改革的简单认识，有极大帮助。根据本书的研究，一项社会政策的形成或变革要关涉很多复杂的因素，如政治体制、社会经济状况、历史文化传统、社会主流的意识形态、国际社会影响，以及将要变革的制度本身等，绝不是仅受某一因素的主导或推动，而是极可能会受到多种因素的共同作用。所以，本书一个理论贡献是尽可能地对我国的"统账结合"模式给出合理的解释。

第三，从现实层面看，找出影响制度生成的关键原因，对后续制度或其他社会政策的制定都有现实的借鉴意义。我国的社会保障制度还远没有达到完善的地步，需要改革的项目或制度还有很多，如新型农村养老保险制度、医疗保健体制的改革等，都需要从制度本身以及制度环境进行分析，而不是制度甫一出台就招致诟病，或者经历多年的改革结果却得到失败的结论。所以，从制度结构本身出发，从制度历史背景分析，从社会环境寻找原因，才能更接近于制度的本来面目，使未来的改革少走弯路。

1.4 研究思路

本书是利用历史制度主义的分析范式对我国"统账结合"养老金制度的生成原因进行解释。一方面要采用制度的结构分析来获取导致"统账结合"模式生成、发展、变迁的关键变量以及这些变量是如何相互作用和影响的，从而找出政策形成的结构性因果关系。在实际研究中，本书分别从影响养老金改革的背景因素，如政治制度、社会意识形态、历史文化传统等，以及传统养老金制度本身的结构因素，如国家－企业保障制、具有现收现付性质、待遇与收入相关联等因素进行分析，以找出影响制度变迁的关键因素。另一方面是采用比较历史分析。这种分析方式是通过对各国社会政策形成的历史因素进行比较，力图找出影响不同制度或者是一个制度不同时间段的历史背景因素，以归纳影响不同制度生成的共同机制和历史性因果关系，其着眼点是过去社会政策对现在政策的影响和政治生活中的路径依赖现象。在比较历史分析中，本书要通过对我国"统账结合"模式形成过程的历史文本分析，再现当时的政策变迁过程，找出制度形成的历史因果关系。同时，利用对波兰等国养老金改革的历史进程分析，印证制度变革过程中历史的重要作用。在上述对我国养老金制度结构分析和比较历史分析的基础上，展开对养老金制度形成原因的综合分析，找出影响我国基本养老保险制度变革的关键变数，以求对我国"统账结合"养老金模式的生成原因给出合理的解释。

但是，采用历史制度主义的分析路径来解释我国基本养老保险制度的形成，可能会引起一些质疑。首先，历史制度主义从 20 世纪 80 年代发展到今天，还没有一个专门的、权威的概念，说明这个分析范式还不够成熟，这一理论存在许多需要改进和商榷之处；其次，即使作为自诩为历史制度主义者的学者本身在使用历史制度主义作为分析范式进行解释社会问题时，也没有统一规范的分析框架，各自偏重于自己所钟情的分析路径，有些人致力于历史比较分析，而有些人则倾向于制度结构分析。例如，保罗·皮尔逊（Paul Pierson）在分析英美 20 世纪 80 年代养老金改革时则是采用的制度结构分析框架，而艾伦·伊玛格特（Ellen Immergut）在对西欧一些国家的医疗保健政策进行比较分析时，则着重使用了"否决点"这个关键变量；最后，历史制度主义的理论研究在我国尚处于起步阶段，还没有形成本土的理论特色，更缺乏利用这一框架对我国具体社会政策进行分析。可是，作为一种新的社会政策研究分析范式，也不妨进行尝试性的探索研究。

1.5　文　献　综　述

1.5.1　国外相关研究

1.5.1.1　历史制度主义研究

历史制度主义脱胎于 20 世纪 80 年代以来新制度主义（New Institutionalism）的兴起和发展，它是最早成为方法论意义上的新制度主义理论。从 20 世纪六七十年代开始，虽然研究者并不熟稔历史制度主义的研究路径，已经有一些政治科学家开始利用历史或制度的方法研究政治问题（如波拉尼对政治制度转型的研究①，摩尔对民主和专制的起源研究②，斯考切波对革命和制度变迁的原因研究③彼得·豪尔对经济政策的差异研究④等），但是到 80 年代才开始有大量的研究将历史研究和制度研究结合起来，而到 90 年代才系统地提出历史制度主义的分析框架并形成理论。但是，由于这一流派的产生和发展时间都比较短暂，至今还没有形成统一的概念。

凯瑟琳·西伦（Kathleen Thelen）和斯文·斯坦莫（Sven Steinmo）在其合著论文《比较政治学中的历史制度主义》⑤ 第一次提出了历史制度主义（historical institutionalism）的概念。这一学派之所以称为历史制度主义，是因为他们注重历史比较分析和制度分析。在 20 世纪 80 年代，历史制度主义者主要是从历史和制度的视角进行公共政策的研究，基本上还是在比较政治学范围内游荡，而进入 90 年代以来，以历史背景和制度结构为取向的视角使历史制度主义理论研究上升了一个新的台阶，并不断扩展和形成理论框架，其表现主要在一大批历史制度主义者开始运用历史制度主义的方法研究当今世界上的重大问题：如现代国家的起源、福利国家的形成及多样性、社会政治运动的起因和后果等。在福利国家的形成原因及其多样性研究方面⑥，斯坦莫的《税收与民主》（1996）、保罗·皮尔逊的《拆散福利国家》（1994）和《福利国家的新政治学》（2001）是其代表作品。

历史制度主义者认为，政治后果的差异源自制度的多样性和政治变量之间的结构性关系。彼得·卡钦斯坦（Peter Katzenstein）、彼得·古勒维奇（Peter Gourevitch）、彼得·霍尔（Peter Hall）等学者在比较不同国家应对经济危机的策略时，发现不同的历史制度、不同的社会联盟、不同的政商关系

---

① ［英］卡尔·波兰尼著，冯钢、刘阳译：《大转型：我们时代的政治和经济起源》，浙江人民出版社，2007 年版。
② ［美］巴林顿·摩尔著，拓夫、张东东等译：《民主和专制的社会起源》，华夏出版社，1987 年版。
③ ［美］西达·斯考切波著，何俊志、王学东译：《国家与社会革命——对法国、俄国和中国的比较分析》，上海人民出版社，2007 年版。
④ Hall Peter, 1989, *The Political Power of Economic Ideas：Keynesianism across Nations*, Princeton：Princeton University Press.
⑤ ［美］凯瑟琳·西伦、斯温·斯坦默：《比较政治学中的历史制度主义》，载何俊志、任军锋、朱德米编译：《新制度主义政治学译文精选》，天津人民出版社，2007 年版。
⑥ 何俊志：《结构、历史和行为——历史制度主义对政治科学的重构》，复旦大学出版社，2004 年版。

都会引发不同的应对策略和不同的经济调整过程①。所以，他们的研究十分注重政府、利益集团与市场的关系，以及对这些变量进行跨时空的比较。例如，他们在研究 20 世纪 70 年代各国应对石油危机的政策差异以及各国医疗保健政策的差异时，发现这种政策结果的差异主要是由于政治制度，政策制定机构的联结方式不同。

在历史制度主义者眼中，在制度变迁过程中"路径依赖"一直发挥着重要作用，并影响着政策的发展。在《回报递增、路径依赖和政治科学研究》② 一文中，皮尔逊对这个问题做了比较系统的回答。他指出："路径依赖"就是指制度的一种自我强化机制，即一旦某种制度被选择之后，制度本身就将会产生出一种自我捍卫和强化的机制，使得扭转和退出这种制度的成本将随着时间的推移而越来越困难。

1.5.1.2　有关福利（养老金）制度模式解释的研究

对社会福利制度的起源和发展，迄今为止已产生多种解释模式，对不同制度模式的分类研究最早可追溯到阿尔娃·缪尔达尔（Alva Myrdal），她在《国家和家庭：民主家庭和公共政策的瑞典经验》一书中，对国家的研究多次涉及模式问题③。

维伦斯基（Wilensky）和勒博（Lebeaux）在 1958 年出版的《工业社会与社会福利》中，通过对福利制度的比较研究，把福利制度划分为"补救型"模式和"制度型"模式④。后来，蒂特马斯（Titmuss）在对维伦斯基和勒博的研究成果给予肯定的基础上，在 1974 年出版的《社会政策》一书中，把福利制度三种类型：补救型、工业成就型和制度再分配型⑤。而随着福利国家的发展，各国的福利模式也日趋表现出制度的多样性，由此产生了

---

①　朱天飚：《比较政治经济学》，北京大学出版社，2006 年版。

②　［美］保罗·皮尔逊、瑟达·斯科切波：《当代政治科学中的历史制度主义》，载何俊志、任军锋、朱德米编译：《新制度主义政治学译文精选》，天津人民出版社，2007 年版。

③　郑秉文：《"福利模式"比较研究与福利改革实证分析——政治经济学的角度》，载《学术界》，2005 年第 3 期。

④　Wilensky Harold L. & Lebeaux, Charles N., 1958, *Industrial society and social welfare: the impact of industrialization on the supply and organization of social welfare services in the United States*, New York: Russell Sage Foundation.

⑤　［英］理查德·蒂特马斯著，江绍康译：《社会政策十讲》，吉林出版集团有限责任公司，2011 年版。

福利国家差异性的研究，其中艾斯平－安德森对福利国家的"三分法"最具有代表性，他是基于国家、市场和家庭的关系把福利国家分为自由主义、社会民主主义和保守主义三种模式①。在艾斯平－安德森之后，对福利制度模式的解析吸引了众多学界大家的关注，同时也引起了对"三分法"的质疑②。虽然质疑声音此起彼伏、众说纷纭，但都没有从根本上颠覆艾斯平－安德森对福利模式划分的理论贡献。

作为福利国家最重要的一个项目——养老金制度，在与福利制度模式的划分相伴随始终的是，关于养老金制度的起源、发展和变革所做的理论解释也在不断发展变化，其中有代表性的包括：工业主义理论（Industrialism theory），权力资源理论（power resources theory），新马克思主义理论（neo－marxism theory），新多元主义理论（neo-pluralism theory），以及国家中心理论（state-centered theory）等。工业主义理论（industrialism theory）认为，福利国家的产生和发展是经济发展以及经济社会结构变迁的产物，他们从理论上阐释了公共养老金和其他社会福利计划是技术进步的必然结果，其本质起因是经济发展③。因为工业化改变了社会资助、家庭以及社区团体的传统形式，因此对政府提出了促进社会和谐和经济增长的要求④。他们的理论验证是以各国的社会支出为因果变量而展开⑤，多数的研究都证明了经济发展是福利国家发展的最主要的解释变量；权力资源理论（power resources theory）强调福利国家的发展主要来自社会力量的推动，而不是经济的增长，主要关注促进福利国家发展的社会基础，尤其是社会民主党等工人政党的权力地位⑥，因此他们认为养老保险和福利国家是阶级斗争的结果。根据社会民主主义者

---

① ［丹麦］艾斯平－安德森著，郑秉文译：《福利资本主义三个世界》，法律出版社，2003年版。

② Castles F. G. and Mitchell D., 1993, "Worlds of Welfare and Families of Nations", in F. G. Castles (ed.), *Families of Nations：Patterns of Public Policy in Western Democracies*. Aldershot：Dartmouth Publishing Company.

③ Wilensky, Harold L., 1976, *The "new corporatism," centralization, and the welfare state*, Landon and Beverly Hills：Sage Publications, pp13.

④ Kerr Clark；Harbison Frederick H.；Dunlop John T.；Myers Charles A., 1974, *Industrialism and Industrial Man*, New York：Oxford University Press, pp152.

⑤ Williamson John. B. and Jeanne J. Fleming, 1977, "Convergence Theory and the Social Welfare Sector：A Cross－National Analysis", *International Journal of Comparative sociology*（18）：242－253.

⑥ Castles Francis G., 1978, *The social democratic image of society：A study of the achievements and origins of Scandinavian social democracy in comparative perspective*, London and Boston：Routledge & K. Paul.

的论点，新计划的实施、现有计划支出的增加以及养老金计划结构的完善，都反映了劳方在与资方斗争中所取得的胜利。因为社会民主论强调有组织的劳工和左翼政党在决定工人阶级影响力中的作用。强有力的劳工支持左翼政府当选，而左翼政府最有可能实行激进的社会立法，包括激进的养老金立法①；新马克思主义认为，国家的作用是控制工人阶级，并保护资产阶级的经济利益，因此国家实施养老金制度和其他社会保险计划是控制劳工的一种机制而不是劳工获得的胜利。他们的关键假设是国家被紧紧地控制在经济精英的手中，国家实施养老金和其他社会福利计划着眼点是加强对劳方的社会控制，同时利用养老金计划减轻变革压力的程度可以带来收入分配的实质变动②；新多元主义理论认为社会政策是各种利益集团竞争的结果。他们的理论假设是公民影响政府政策的方式是同其他人共同组成一个协会或利益集团③。因为传统多元论者认为各个利益集团的竞争可以防止单个利益集团的独裁统治，从而提供一种充分满足整体需求的社会政策形成机制。因此，社会福利政策的制定会受到来自各种利益压力集团的强烈影响；国家中心理论（state-centered theory）强调一个国家的政治体制将最终决定国家如何对各种社会行动和利益诉求进行"反馈"，所以他们把政治家及政府官员的行为作为研究福利国家发展的关键解释变量。他们的主要理论贡献是将"国家"带回了福利国家发展的理论解释之中，认为国家并不是一个被动的反应机制，而是一个具有"自主性"（autonomy）的行动者，因而国家的组织结构、国家的自主性以及国家能力，在福利国家的发展中具有重要意义④。国家中心论也尤其强调历史渊源的作用，认为政策制定本质上就是一个历史过程，处理同样的问题要受到早期立法以及计划的影响，指出当前的立法通常是对早期政策的一种反应⑤。因此，国家的参与以及国家的结构特征是养老

---

① Williamson John B., Pampel Fred C., 1993, *Old age security in comparative perspective*, USA: Oxford University Press.

②③ ［美］约翰·B·威廉姆森、费雷德·C·帕姆佩尔著，马胜杰等译：《养老保险比较分析》，法律出版社，2002 年版。

④ Theda Skocpol and Edwin Amenta, 1986, "States and Social Policies", *Annual Review of Sociology*, Vol. 12, pp. 131 – 157.

⑤ Heclo Hugh., 1974, *Modern social politics in Britain and Sweden: From relief to income maintenance*, New Haven: Yale University Press; Theda Skocpol and Edwin Amenta, 1986, "States and Social Policies", *Annual Review of Sociology*, Vol. 12, pp. 131 – 157; Peter B. Evans, Dietrich Rueschemeyer, Theda Skocpol, 1985, *Bringing the State Back In*, UK: Cambridge University Press.

金政策的重要决定因素。

1.5.1.3 以历史制度主义为视角对福利制度（养老金）模式的解释研究

20 世纪 70 年代两次石油危机的爆发，结束了第二次世界大战以后世界经济发展的"黄金期"。与之相伴的是，世界上主要福利国家开始进入福利紧缩阶段，新兴市场国家也开始了对本国的福利进行调整和改革。在此过程中，福利国家模式的差异性越来越大，一个明显的特征是不同国家在应对经济衰退而进行福利调整时，表现出明显的应对策略差异性，从而也引起了学界的关注，并使对福利国家的研究方向开始转向，导致学术界开始了对福利制度调整和改革的研究，保罗·皮尔逊把这一类的研究称作"福利国家的新政治学"[1]。

在对福利国家制度调整的研究中，国家的基本制度在福利发展中的作用日益引起人们的关注。随着研究的深入，这种"新制度主义"的分析路径产生了三种主要的理论流派：理性制度主义、历史制度主义和社会学制度主义。历史制度主义以其中观层面的研究视角，使我们能够更好地理解各个国家内部政策的延续性和不同国家间政策的变异性[2]，同时利用制度分析和历史分析相结合的研究方法，在对政策和政策过程进行重新诠释中，为政策研究提供了解释性意义、描述性意义和建构性意义[3]。因此，历史制度主义被认为是当代公共政策研究前沿领域的一个方面，它架通了政治科学和公共政策研究的桥梁，很适合于用来分析再分配的社会政策[4]。

苏珊·贾埃莫（Susan Giaimo）[5] 通过对 20 世纪 80 年代末英、德、美三国医疗保健政策改革的分析，指出了不同的制度结构促生了不同的利益集团，而不同的利益集团决定着政策改革的方向。比如，英国的国家医疗服务

---

① 约翰·迈尔斯、保罗·皮尔逊：《养老金改革的比较政治学》，载［英］保罗·皮尔逊编，汪淳波、苗正民译：《福利制度的新政治学》，商务印书馆，2004 年版。

② ［美］凯瑟琳·西伦、斯温·斯坦默：《比较政治学中的历史制度学派》，载《经济社会体制比较》，2003 年第 5 期。

③ 庄德水：《论历史制度主义对政策研究的三重意义》，载《理论探讨》，2008 年第 5 期。

④ 何俊志：《结构、历史和行为——历史制度主义对政治科学的重构》，复旦大学出版社，2004 年版。

⑤ 苏珊·贾埃莫：《谁为保健改革出资?》，载［英］保罗·皮尔逊编，汪淳波、苗正民译：《福利制度的新政治学》，商务印书馆，2004 年版。

（NHS）财政是由一般税收支持的、全民的、国家管理的保健体系，虽然在改革过程中受到新自由主义思想的巨大冲击，但是由于要为医疗保健的出资者——纳税人负责的限制，国民保健服务在经受了内部市场的变革之后，仍然维护了平等性和公平性，只是在制度内部引入了市场机制；而美国的医疗保健体系是以就业为基础的福利制度，它没有统一的全民保健项目，公共的项目仅限于老人、小孩、残疾人等特定群体，这样的制度安排使得雇主在改革中成为关键行动者。所以在改革中虽然实现了医疗费用增长的控制，但是以公平性的降低为代价，使得社会中穷人和长期患病者的就医机会大大减少；实行法团主义管理方式的德国，雇主和雇员共同为医疗保健服务出资，同时赋予了雇主和雇员相同的财政和管理职能，国家主要是调整各部门的行为，这种制度设计确保了权力制衡思想并使之制度化，所以它的改革结果介于英国和美国之间，虽然改革的成本大于英国，但确保了保健制度的公平性。

艾伦·伊玛格特（Ellen M. Immergut）[①] 通过对法国、瑞典和瑞士的医疗保健政策的比较分析，发现利益集团理论不能有效解释这三个国家医保政策的差异。她认为不同国家健康政策差异的原因在于不同的制度架构，及其在各个国家中试图从财政上改变保健政策的竞争性利益所提供的不同"否决点"。伊玛格特关于"否决点"的观点在很大程度上表达并构建了历史制度主义的核心特征：强调塑造政治策略的中层制度，制度在相互竞争的各个集团间构造权力关系的方式，尤其是对既定制度背景下政治过程和政策制定的集中关注。

保罗·皮尔逊（Paul Pierson）[②] 在《拆散福利国家？——里根、撒切尔和紧缩政治学》一书中指出：要想对英美两国的养老金改革结果给出满意的解释，不仅需要阐明这两个国家在最终结果上的显著差异，而且必须解释他们各自成功与失败的模式。在他的分析中非常重视预先存在的养老金结构所扮演的关键角色，即先前的政策选择产生的反馈效应。英美两国养老金改

① Ellen M. Immergut, 1990, "Institutions, Veto Points, and Policy Results: A Comparative Analysis of Health Care", *Journal of Public Policy*, Vol. 10, No. 4, pp. 391–416.
② ［英］保罗·皮尔逊著，舒绍福译：《拆散福利国家——里根、撒切尔和紧缩政治学》，吉林出版集团有限公司，2007 年版。

革结果的差别，是因为以前的养老金体系制度化程度的差别。他认为在英国，由于国家养老金规定的碎片化导致了改革的潜在对手的分崩离析，使得他们能够设计出了一种制度，使国家责任得到转移，从而能够将退休金转嫁到私营部门来支付；而在美国就不同了，单一的、成熟的老、遗、残养老保险计划（OASDI）主导了养老保险领域。由于这个体系涵盖面广，它在承担大量的、长期的财政义务的同时，还创造了一种强有力的和坚固的政治支持基础，因此这两个条件减少了主要政策变革的可能性。

约翰·迈尔斯、保罗·皮尔逊①在对养老金改革的比较研究中发现：由于以下两个原因，各个国家在设计养老金体制时不可能达成一致：一是不论决策者属于什么政治体制，可供他们选择的条件会受到源于过去的制度设计和项目设计的制约，即"路径依赖"问题，也就是过去的抉择会自然地制约着将来的选择；二是导致"新"制度持续多样化的原因也就是导致"旧"制度产生多样化的那个原因，即影响福利制度关键群体的政治能力，在各个国家存在着差别。与此同时，由于养老金改革在政治上禁止过度成本，所以排除了激进改革的可能性。20 世纪 70 年代以前养老金体系已经发展成熟的国家没有一个向完全积累（full funding）方向发展，这些国家所采取的改革策略不是"激进改革"，而是通过紧缩策略来遏制支出的增长，只是把为"旧的"政治经济环境所设计的养老金制度改造成一个与新的政策环境相匹配的养老金制度。

1.5.2 国内相关研究

1.5.2.1 福利模式（形成机制）研究

在国外早期的研究中，有大量的文章讨论福利国家福利支出与经济发展之间的关系，以此来证明经济发展与福利支出之间的正相关关系。然而，随着上世纪末期一些后发工业化国家的崛起，在考察它们的福利支出经验时，

---

① 约翰·迈尔斯、保罗·皮尔逊：《养老金改革的比较政治学》，载［英］保罗·皮尔逊编，汪淳波、苗正民译：《福利制度的新政治学》，商务印书馆，2004 年版。

先前的论断越来越受到学者的质疑。据于此，熊跃根认为，历史和现实都已表明，社会福利的发展是一个国家或地区政治经济与社会制度等综合作用的结果，经济发展或经济增长并非与社会发展的目标保持一致，它还受到传统文化、政治理念和制度、经济结构和政策安排等多重因素的制约①。

郑秉文则是分别从政治经济、文化传统、国家中心主义等角度，对福利国家的制度模式、东亚国家的福利模式，以及中国和拉美国家的制度模式进行了比较分析，较为全面地展现了各个国家或某一类国家的福利模式特征，并在比较中论证了造成这些不同模式的背后深层次原因：一国的福利制度模式与国家的政治意识形态②、政治制度体制③、历史文化传统④有着极强的相关性，或者可以说某一种关键因素或多种因素的综合作用，决定了一个国家的福利国家模式，并呈现出与众不同的特征。

林卡⑤在对北欧国家进行自由主义福利改革研究时，从市民社会结构和特征的角度阐释了福利国家的制度基础。北欧国家在进行自由主义福利改革的过程中，尽管采取了多种政策措施来促进私部门福利项目的发展，但经过多年的探索，这些国家的福利体制仍没有发生质的变化。在分析这些国家福利紧缩收效甚微的原因时发现，要想对福利国家改革的后果进行比较清晰的阐释，还需要回到对这些国家制度背景的分析上来。通过研究，他发现无论从政治层面、社会关系层面还是从制度的已有认同上，北欧国家都不利于进行自由主义式的福利改革。

郑功成在《社会保障：中国道路的选择与发展》⑥ 一文，以及《中国社会保障变迁与评估》⑦ 一书中认为，根据中国的现实国情和独特的历史环

---

① 熊跃根：《国家力量、社会结构与文化传统——中国、日本和韩国福利范式的理论探索与比较分析》，载《江苏社会科学》，2007 年第 4 期。

② 郑秉文：《"福利模式"比较研究与福利改革实证分析——政治经济学的角度》，载《学术界》，2005 年第 3 期。

③ 郑秉文、史寒冰：《论东亚地区福利国家的"国家中心主义"特征》，载《中国社会科学院研究生院学报》，2002 年第 2 期。

④ 郑秉文、J. 威廉姆森、E. 卡尔沃：《中国与拉美社会保障比较：传统文化与制度安排——提高覆盖率的角度》，载《拉丁美洲研究》，2009 年第 2 期。

⑤ 林卡：《北欧国家福利改革：政策实施成效及其制度背景的制约》，载《欧洲研究》，2008 年第 3 期。

⑥ 郑功成：《社会保障：中国道路的选择与发展》，载《武汉大学学报》（哲学和社会科学版），1999 年第 5 期。

⑦ 郑功成：《中国社会保障制度变迁与评估》，中国人民大学出版社，2002 年版。

境，中国的社会保障（养老保险）制度，应该在借鉴国外经验的基础上走自己特色的道路，要在推进社会保障（养老保险）制度改革和发展时，采取多元化与多层次相结合的混合型社会保障制度模式。

1.5.2.2　养老金模式研究

杨立雄[1]在《利益、博弈与养老金改革：对养老金制度的政治社会学分析》一文中，利用新多元主义的方法，对拉美、中东欧和英美等发达国家的养老金改革进行了分析。作者发现，在拉美和中东欧国家，由于特殊的政治体制、外生行动者的支持和政府的强力推动[2]，导致政策制定中的"否决点"缺失，从而减少了养老金私有化改革的阻力；而在英美等发达国家，因为社会利益的多元化、行动者（如工会）力量的强大，原有制度的路径依赖，尤其是"否决点"的分散，使得这些国家的养老金改革困难重重。这种有别于经济学的研究框架，为我国养老金改革的研究范式，拓宽了思路，也有利于对养老金制度的深入分析。

刘骥[3]在其博士学位论文《阶级分化与代际分裂：欧洲福利国家养老金政治的比较分析》中，一反历史制度主义注重结构分析的视角，主要使用"家庭养老强度"这个关键变量，来阐释阶级分化与代际分裂这两个重要的养老金改革解释变量的形成，在此基础上解释了欧洲国家公共养老金改革过程中的政治冲突及其差异性，并寻找不同冲突形式背后的根本原因。作者认为，养老金改革成功与否，关键在于改革过程中的否决点。所以，他研究的主要着力点在于解释养老金政治中反对改革的社会联盟的形成，并推论出不同的社会联盟对养老金改革所造成的阻力明显不同。因此，他的结论是家庭养老的强度决定了不同群体在缩减公共养老金上的利益差异。在分析过程中，为验证预先假设的理论模型，该文建立了家庭养老强度与养老金政治改革冲突之间的关系模型，并且利用案例研究（意大利、德国、法国、瑞典和英国）佐证之。

---

①②　杨立雄：《利益、博弈与养老金改革：对养老金制度的政治社会学分析》，载《社会》，2008 年第 4 期。
③　刘骥：《阶级分化与代际分裂——欧洲福利国家养老金政治的比较分析》，北京大学出版社，2008 年版。

刘德浩①通过对英国和瑞典两国的养老金制度改革路径和结果的比较分析，认为政治制度和政治环境对于一国养老金改革政策的制定起着十分重要的作用。所以，在借鉴吸收他国养老保险改革经验教训时，必须对影响该国制度构建过程的相关因素进行深入剖析，以免陷入盲目照搬的境地。

1.5.2.3 以历史制度主义为视角的养老金模式研究

《城镇企业职工基本养老保险制度模式与性别公平－基于历史制度主义分析范式》和《制度、利益与观念：男女同龄退休政策改革研究——基于历史制度主义视角》两篇文章，是迄今为止在中国知网（CNKI）、万方数据库上可以检索到的仅有两篇利用历史制度主义的方法来分析我国基本养老保险制度模式的文章（笔者除外）。

在《制度、利益与观念：男女同龄退休政策改革研究——基于历史制度主义视角》②一文中，刘秀红利用历史制度主义的方法，对我国男女同龄退休政策改革的过程和结果进行了分析，她从影响男女同龄退休的三个关键政治变量——制度因素、利益因素和观念因素入手，分析了在我国社会经济大背景下制约或推动退休政策变革的各要素之间的博弈以及相互的关系，是有别于国内学术界仅从性别视角和劳动力视角进行研究的另一研究视角。

而在《城镇企业职工基本养老保险制度模式与性别公平－基于历史制度主义分析范式》③一文中，作者认为利用历史制度主义的结构分析，一是可以检验哪些制度性因素和政治变量影响了养老金模式的选择；二是可以通过考察养老金制度变迁对现有模式所起的作用，以利于解释"统账结合"养老金模式形成的原因。

---

① 刘德浩：《养老金改革的政治经济学分析：以英国、瑞典为例》，载《劳动保障世界》（理论版），2011 年第 6 期。

② 刘秀红：《制度、利益与观念：男女同龄退休政策改革研究——基于历史制度主义视角》，载《理论导刊》，2010 年第 12 期。

③ 刘秀红：《城镇企业职工基本养老保险制度模式与性别公平——基于历史制度主义分析范式》，载《理论月刊》，2011 年第 8 期。

1.5.3 国内相关研究的不足

1.5.3.1 比较研究

在我国目前涉及养老金制度的比较分析中，大多数文章分布在福利国家制度的比较（如郑秉文[①]，林卡[②]等），而在涉及我国和国外比较的文献中，多数集中于社会政策和福利制度的比较（如赵人伟[③]；郑秉文、史寒冰[④]；熊跃根[⑤]；张军[⑥]等），具体到养老金制度的国际比较方面的文献就变得少之又少。本书在着力于本国制度分析的同时，主要对实行不同养老金制度模式的国家进行比较分析，力图得出相同的养老金改革原因，但会产生截然不同的改革方式，从而印证我国建立"统账结合"养老金制度的独特之处。

1.5.3.2 对"统账结合"模式的专题研究

以往的研究大多数以经济学的视角（如袁志刚[⑦]，封进[⑧]等），从经济效率或适用性上论证"统账结合"模式的合理性及其存在的弊端。然而养老金并不只是一项经济制度，它更是一项重要的社会政策。在很多情况下，经济上的可行性并不代表政策的可行性。有时解决复杂的社会问题并不基于科学的政策分析或者精确的经济计算[⑨]，相反，一种政策范式取代另一种政策

① 郑秉文：《OECD 国家社会保障改革及其比较》，载《经济社会体制比较》，2004 年第 5 期。
② 林卡：《论北欧学者对于其福利国家体制的研究、论争及其论争的逻辑基础》，载《国外社会科学》，2005 年第 6 期。
③ 赵人伟：《福利国家转型与我国社会保障改革》，载《经济学家》，2001 年第 6 期。
④ 郑秉文、史寒冰：《东亚国家和地区社会保障制度的特征——国际比较的角度》，载《太平洋学报》，2001 年第 3 期。
⑤ 熊跃根：《转型经济国家社会保护机制的建构：中国与波兰的比较研究》，载《学海》，2008 年第 3 期。
⑥ 张军：《社会保障的福利文化解析：基于历史和比较的视角》，西南财经大学出版社，2010 年版。
⑦ 袁志刚：《中国养老保险体系选择的经济学分析》，载《经济研究》，2001 年第 5 期。
⑧ 封进：《中国养老保险体系改革的福利经济学分析》，载《经济研究》，2004 年第 2 期。
⑨ 杨立雄：《利益、博弈与养老金改革：对养老金制度的政治社会学分析》，载《社会》，2008 年第 4 期。

范式的过程更多是基于社会学的考虑而不是基于科学的分析①。而另外的众多研究又是主要集中于对"统账结合"模式本身的解析上，如刘玲玲、孙慧峰②在对"统账结合"模式进行解析时，主要分析了模式建立的过程、当前出现的危机以及模式存在的体制性弊端，最后提出了对该模式进行改革的思路。

以上这些研究主要基于对"统账结合"模式自身的关注，所以研究重点主要集中在制度形成的过程、制度的适应性、存在的问题及弊端、解决的思路及改革的方向等。而在如此众多，可谓汗牛充栋的研究文献中却缺乏对制度模式形成原因的研究。有一种观点认为，根据我国的现有体制，社会政策的形成都是取决于领导干部的主观决策，包括"统账结合"制度模式的形成。针对这一观点，本书不敢苟同。固然，一项社会政策的形成，领导层的推动作用极其重要，但是经过深入研究分析表明，这样简单的结论却是太过武断。通过前述的文献综述即可表明，制度的形成是由多种因素综合作用并且相互交织影响而成的，它通常包括一个国家的政治体制、文化传统、社会结构、意识形态等，这将在以后的章节中做重点论述。所以，目前我国对"统账结合"模式形成的原因研究基本处于空白，这对制定后续制度的借鉴和启发十分不利，本书的一个目的就是要填补这一项空白。

1.5.3.3 以历史制度主义为视角的研究

历史制度主义是当前社会科学领域的一个重要研究范式，其关于制度变迁的理论丰富而有说服力③。而在我国，以历史制度主义为视角对社会政策的研究处于刚刚起步状态，无论从研究范围，还是研究成果，都没有能够发挥历史制度主义的研究优势。历史制度主义的优势就是把制度的形成放在一个大的社会经济背景之下，对制度生成的影响因素进行解构式的分析，从而

---

① Hall Peter, 1993, "Policy Paradigms, Social Learning, and the State: The Case of Economic Policymaking in Britain", *Comparative Politics* (25).
② 刘玲玲、孙慧峰：《中国养老保险制度"统账结合"模式解析》，载《财经科学》，2003年S1期。
③ 马烽：《从历史制度主义看我国地方行政体制改革》，载《前沿》，2006年第10期。

找出影响制度形成的关键变量，同时在进行比较历史分析中归纳出制度形成的因果关系。而目前我国对社会政策的研究时，多是就制度而制度地进行分析，最多也是结合其他制度进行关联性分析，这样分析的局限性在于研究视野不够开阔，制度原因和结果的因果性解释不够，往往会陷入一叶障目，不见泰山的偏执境地。

而历史制度主义的分析视角，以独特的中观层面为分析出发点，既有历史背景的宏观分析，又有制度结构的微观分析，甚至还包括统计数据的实证分析，这样才能有助于深入发掘制度形成的深层次原因，并做出较为合理的解释。而我国"统账结合"养老金模式的形成过程，正是处于经济体制改革、社会结构转型、人口要素变化的大背景下，基于现实困难和顺应时代发展潮流的情况下，做出的变革选择。所以，在对这一制度模式做出解释时，绝不能就制度而制度地解释，而要结合时代背景和制度本身的内在要素进行深入分析，才能得出符合逻辑性的合理解释。

1.6　本书结构

第1章是导论部分。主要介绍本书的选题背景，阐释研究主题和研究目的，对已有文献进行研究综述，以及对本书结构进行说明。

第2章是理论介绍部分。主要是对本书的理论基础——历史制度主义进行阐释。首先是介绍现存的福利国家理论对于解释我国养老金模式的局限性；其次是论述为什么引入历史制度主义对"统账结合"模式进行解释；最后是对历史制度主义的基本观点和分析方法进行说明。

第3章是国际比较部分。本书选取了智利和波兰两个国家的养老金制度转型进行比较分析。主要是通过这两个国家在养老金制度转型过程中一些影响因素的分析，试图总结制度转型的一般规律，来印证我国养老金制度向"统账结合"模式转型的合理性。

第4~6章是对我国养老金制度的历史变迁过程分析。主要是在对我国养老金制度变革历史背景分析的基础上，解释和论证每一个阶段的经济改革政策是如何影响并导致养老金制度做出相应改革的。

第7章是结论部分。主要是在对我国养老金制度历史变迁梳理分析的基础上，利用历史制度主义的理论来总结制度变迁的因果关系，最后形成对"统账结合"模式的合理性解释。

1.7 研究方法

文献研究法。文献研究法是一种最古老，也是最基本的研究方法，可以说任何社会科学的研究都离不开这一方法。本书对文献研究方法的使用是在文本阅读基础上，通过对文献的梳理和分析，归纳和总结先前的丰硕研究成果，发现和找出成熟的研究结论和观点，使之形成本书的理论基础，并用以验证和辅证本书的立论，丰富本书的论证依据。同时，主要依靠文献的阅读来丰富和拓展笔者的知识面，达到去粗取精、去伪存真地使用已有的文献资料，辅助本书的写作。目前已知可以利用的文献资料来源包括：国家图书馆馆藏书籍、期刊、报纸及其数字资源，网络资源尤其是 google 学术搜索、google 图书馆等网上学习资料，以及其他网络文献资料等。

比较研究法。比较研究方法由来已久，最早可追溯到亚里士多德对希腊城邦的研究。近来，在政治科学和社会政策的研究中，比较研究是这类研究领域中的重型武器，它尤其适用于具有某些共同特征的案例研究。本书在运用历史制度主义的方法对我国的基本养老保险制度改革进行研究时，是把养老保险制度放在国际养老金改革的背景之下进行分析，这样就不可避免地要和其他国家的养老金改革过程和结构进行比较，尤其是要和同我国改革动因相类似的中东欧社会主义转型国家的比较，从而得出两种改革路径的相似性和差异性，这样才能进行更深入的进行制度结构分析，以找出影响制度生成的真正原因。因此，比较研究方法是本书一个非常重要的分析工具。

历史研究法。历史制度主义者认为，从历史过程中去考察政策变化的根源，能很好地给出政策变迁历史因果性解释。本书是对我国"统账结合"

养老金制度的生成原因进行分析，所以对制度变迁历史过程的分析是文章的基础工作。它涉及对改革前、中、后等各个阶段养老金制度的分析研究，在此之中，必然涉及历史分析。同时，在对波兰等国进行养老金改革的比较分析中，也要追溯它们各自的改革历程。所以，历史分析要贯穿本书的始终。

此外，本书还要运用统计数据分析法、归纳总结法等其他研究方法。

第2章

解释养老金改革模式选择的
理论依据：历史制度主义

20世纪50~60年代，是西方资本主义国家经济发展的"黄金时代"，与之相伴随，是凯恩斯经济思想和平等主义社会思潮的盛行时期，在这种"天时、地利、人和"的综合作用之下，养老金等社会福利制度也进入了"扩张"时期。在1948年英国首相艾德礼宣布建成世界上第一个"福利国家"之后，瑞典、芬兰、法国、意大利、荷兰、挪威等国也纷纷效仿英国，致力于"福利国家"建设。由此，世界开始进入"福利"时代。受这种时代发展趋势和"福利国家"意识形态的影响或带动，世界上其他后发展国家也相继开始建立或发展了各自国家的社会福利事业，养老金制度作为最重要的一项福利项目，在发展过程中自然是首当其冲。当然，由于经济发展程度和政治意识形态不同，各个国家所采取的养老金制度模式也存在着极大的差异。但是，无论各国的养老金采用哪种制度模式，基本上都出自两种制度模式的传统——俾斯麦模式和贝弗里奇模式。俾斯麦模式是以"工业成就"理论为基础，它的基本特征是雇主和雇员共同缴费、退休待遇和工作时的收入相关联、强制参保但是管理制度在很大程度上是自制；而贝弗里奇模式遵循的是"济贫法"传统，起初是家计调查式养老金和后来发展为以公民权利为基础的公共养老金，它的特征是普遍主义、保障基本生活、以税收为财政基础。可以说，这两种模式是战后福利国家发展的关键基础，并对战后福利国家的发展产生了重大影响。

　　但是，肇始于 20 世纪 70 年代的两次石油危机，导致大部分国家的经济发展速度被迫降低，就业形势也随之下滑，这直接了动摇了以经济增长和充分就业为基础的现收现付制养老金的财务基础，加之人口老龄化趋势的快速到来、领取养老金人数的增加，使得大多数国家疲于应付养老金支付带来的压力。这样就逼迫各国对养老金制度实施改革措施，以应对这种长期且持续的压力。在发达国家，主要的改革措施都聚焦在老龄社会压力下的现收现付制（PAYG）公共养老金的改革，并且主张私有化养老金或实行多支柱模式，以维护退休人员的收入所得。他们采用的方式是对公共养老金进行"参数式"调整和逐步引入私人养老金，这种通过降低公共支出和增加私人养老金的改革方式得到了各国国内政策专家和国际组织的支持，从国际货币基金组织（IMF）到经合组织（OECD），再到欧盟（EU）[①]。而在发展中国家，由于先前养老金制度不甚成熟，以及国内外政治经济环境的影响，则多数采用了更为激进的范式性改革。如以智利为代表的拉美 12 国所进行的养老金"私有化"改革，以及中东欧转型社会主义国家所实施的"名义账户制"改革，这些改革方式主要是改变基金积累或缴费的方式，转变国家、企业、个人之间的权利义务关系，以调整养老金的结构来应对养老金的支付压力。在同一时期，中国也因应经济改革的需要，进行了养老金基本模式的改革，由原来计划经济时代的国家—单位保障制，转到了目前的"统账结合"模式。

　　养老金模式的转变，预示着养老金政治哲学基础的转换。在第二次世界大战之后的很长一段时间里，养老金制度都是追求平等主义的价值取向，各国也是实行普遍主义的价值原则，在发达国家纷纷扩大了养老金的覆盖范围和提高了退休收入的替代率，而在后发展国家，各国主要致力于创建自己国家的养老金制度，这种万马奔腾的局面，形成了福利制度发展的"茁壮成长时期"，也由此奠定了各国福利制度的基础。这种价值理念和制度实践的齐头并进，也促进了学术研究的发展，美国政治哲学家约翰·罗尔斯（John

---

① Bernhard Ebbinghaus and Mareike Gronwald, 2010, "The Changing Public – Private Pension Mix in Europe: From Path Dependence to Path Peparture", in Bernhard Ebbinghaus (eds.), *The Varieties of Pension Governance: Pension Privatization in Europe*, Oxford: Oxford University Press, 23 – 53.

Rawls）的定鼎之作《正义论》就是在这种社会条件下产生的。与此同时也奠定了社会政策理论研究的基础，各种社会政策学说也层出不穷。而进入20 世纪 80 年代，随着经济状况和政治思潮的转变，养老金的哲学基础也转向了新自由主义，这一时期的养老金制度开始强调个人责任的作用。这种价值取向的变化主要表现是，发达国家在调低公共养老金支出的同时，纷纷引入了集体协商或私人管理的职业养老金和私人养老金，形成多支柱的养老金模式。而在后发展国家由于发展私人养老金的条件不够成熟，各国主要在养老金制度的缴费分担比例、基金财务模式上改革，意在减轻国家的负担、增强参保者的个人责任。在社会思潮上是新自由主义取代了平等主义，经济政策上自由市场经济取代了凯恩斯国家主义，而在社会政策措施上也由过去的"管理"转向了"治理"。

在上述思想意识形态影响下的养老金模式转换，重新塑造了国家、社会、企业、个人在养老金制度中的责任义务关系。传统的养老金制度，强调国家为制度责任基础，而个人更多的是以养老金制度的受益人角色出现，企业在这里是辅助国家维护制度运转的角色。但是随着养老金制度模式的转换，无论是发达国家的渐进调整还是后发国家的激进改革，国家的责任都开始退却，在凸显企业应有责任的同时，个人责任被逐步强化。因此个人开始缴费或者缴费比例逐步增加、职业养老金和私人养老金开始大范围的出现、养老基金的财务风险也开始由个人来分担。

面对上述养老金制度模式的转换，及其所导致的养老金各主体之间权利义务关系的变化。我们总是希望知道各国为什么选择这样的改革路径，而不选择其他的改革路径，如发达国家选择加层、后发国家多选择模式调整、中国选择"混合"模式。我们如何对此做出比较合理的解释呢？应该到哪里去寻找解释养老金模式选择的分析逻辑呢？在笔者已有的知识范围内，目前尚没有比较贴切的理论解释模式。但是，在已有的理论研究中，对社会福利制度产生和发展原因及其影响因素的研究，可谓是浩如烟海、汗牛充栋，比如工业主义、多元主义、马克思主义、国家主义等。我们完全可以利用对这些理论模式的重温来寻找解释养老金模式选择的蛛丝马迹，并找到自己所认可的分析路径和方法。

2.1　福利国家发展理论的解释限制

影响社会现象或社会制度改变的背后，必然存在某些因素，但是如何解释这些因素本身或因素之间的联系，通常是研究社会科学者所感兴趣的。从世界各国的社会福利政策形成过程来看，一个国家社会福利制度的形成与发展不仅受到内在环境的制约，如该国政治、经济、社会及文化的影响；还受到外部环境，如经济全球化、国际组织等因素的影响。养老金政策的理论之所以来源于福利国家发展的理论，可能是因为老年安全政策一般是社会福利政策中重要的因素之一①。因此，关于养老金政策产生和变迁的讨论，必须置于福利国家发展的社会环境下加以探讨。

但是，不同的立足点对于社会福利政策的探讨会产生截然不同的结果，尤其是中国养老金制度模式的独特性，无法在已有的文献中找到合理的理论解释，那么要想得到本书所希望的理想答案，只有从可类比的问题中寻求一些可能的理论解释。本节希望通过分析梳理现存的福利国家发展理论，找出影响福利政策产生和发展的主要原因，并检验该理论对于制度建构的解释能力，最终找出一种适合于解释我国养老金改革模式独特性的理论依据。

2.1.1　工业主义理论

工业主义理论（亦称为现代化理论）是基于工业主义逻辑，它的理论基础是"结构功能论"有关社会变迁的观点：工业化将社会从传统的农业社会带向工业社会的同时，也引发了城市化、家庭功能弱化、职业分化、人口结构变动等社会结构的变迁，尤其是家庭保障功能的弱化所带来的社会保障功能的需求，必然引致福利政策的产生和发展。基于这种分析逻辑，每一个进入工业化的国家，政府必将肩负起新兴社会需求的责任，由此工业化被

---

① ［美］约翰·B·威廉姆森、费雷德·C·帕姆佩尔尔著，马胜杰等译：《养老保险比较分析》，法律出版社，2002年版。

视为是社会福利政策发展的先决条件[①]。所以说，养老金等社会福利政策的产生，不仅是回应工业化发展的要求，还有出于维持社会平衡的需要。

因应工业发展的观点最早可追溯到 19 世纪普鲁士的财政专家万格（Wanger），他曾协助俾斯麦创建社会保险制度，接下来是克尔（Kerr）[②] 和戈德索普（Goldthrope）[③] 等人也持有相同的观点，认为工业发展造成的技术进步，必然形成工业社会的各种经济、社会及政治制度，政府为因应这些技术发展的外在逻辑，必须要提供一个稳定的环境，以维系复杂的生产过程，以及有利于工业成长。威伦奇（Wilenshy）[④] 利用社会支出占工业化国家支出的比例作为指标，论证了社会福利和工业化之间有相当紧密的联系，从而形成了对福利国家产生和发展最权威的工业主义逻辑的解释。潘佩尔和威廉姆森（Pampel & Williamson）[⑤] 则进一步指出，技术愈进步，人口老龄化的情况愈严重，这必然导致社会福利（保险）支出的增加。

从上述发展的脉络可以看出，工业主义理论实际上是隐含两种假设：一是福利是回应工业发展的后果；二是福利的产生和发展紧跟工业社会的发展。换言之，社会福利的发展是技术进步的必然后果，社会福利既是工业社会的后果，也因工业社会的发展而发展。

然而工业主义理论对社会福利发展的解释也遭受着广泛的质疑和挑战。批评者指出：该理论在对工业化促使社会福利政策产生和发展的因果解释上，未能有效的说明为何有些国家是先制定社会政策，而后才是工业社会的发展，比如北欧诸国在制定社会福利政策时的工业化水平远低于英、美等国；另外，工业主义逻辑常常使用"社会支出"作为衡量一国社会政策多寡的指标，但"社会支出"的对象包含范围甚广，例如，退休人口与失业人口的增加会造成社会支出的提升，但是，如果主要社会支出的对象是非劳

① Mishra, Ramesh, 1977, *Society and Social Policy*: *Theoretical Perspectives on Welfare*, London, Macmillan.

② Kerr, Clark, 1964, *Industrialism and Industrial Man*, New York: Oxford University Press.

③ Goldthorpe J. H., Lockwood D., Bechhofer F., and Platt J., 1968, *The Affluent Worker*: *Industrial Attitudes and Behavior*, Cambridge: The University Press.

④ Wilensky, Harold, L, 1975, *The Welfare State and Equality*: *Structural and Ideological Roots of Public Expenditure*, Berkeley: University of California Press.

⑤ Pampel, Fred C. & John B. Williamson, 1988, "Welfare Spending in Advanced Industrial Democracies, 1950 – 1980." *American Journal of Sociology*, 93: pp. 1424 – 56.

动人口，那么这一理论便无法解释工业化后剧增的劳动人口与社会政策支出两者间存的正向相关关系。因此，要衡量工业化对于福利国家产生和发展所造成的冲击，必须限定社会支出的测量范围，而且能够清楚了解政府对不同社会风险的优先处理顺序。

具体到工业主义逻辑对我国社会保障制度发展，尤其是养老金的解释，很难回答 20 世纪 50 年代的养老金制度建立以及 80～90 年代的制度改革。一方面，我国在 50 年代初期建立养老保险制度时，出发点并不是因应工业化发展的需要，而是新生政权意在争取工人阶级的忠诚[1]；另一方面，80～90 年代的养老金制度改革也没有遵从工业发展的逻辑，而是因应经济体制改革的需要，由原来的"现收现付"模式改为现在的"统账结合"模式，如果按照皮尔逊的分析逻辑，这次改革实质上是"福利的退缩"。

2.1.2 社会民主理论

社会民主理论引自新马克思主义的分析观点，二者都强调阶级结构和阶级冲突对社会福利政策的影响，但是对福利国家形成原因的诠释却各有不同。社会民主观点认为，福利国家基本上是劳工运动的抗争而来。这是因为工业化促使劳工人数的增加，劳工组织也随之发展壮大，从而形成一股巨大的政治力量，并通过选举来影响有利于自我的社会福利政策[2]。

社会民主论观点对福利国家的解释受到了最多的认同。因为社会科学家关于养老保险和福利国家的正统看法普遍地认为，这一领域内的政策是阶级斗争的结果，即社会保障政策是劳资双方斗争的结果[3]。这一理论起源于 20 世纪 70 年代末、80 年代初期，强调工会或者工人性质的左翼政党，如社会党、社会民主党、工党等，是福利国家产生和发展的主要推动力量。潘佩尔

---

[1] Mark W. Frazier, 2010, *Social Insecurity—Pension and The Politics of Uneven Development in China*, Cornell University Press, pp43.

[2] Korpi, 1983, *The democratic class struggle*, Routledge & K. Paul; Pampel, Fred C. & John B. Williamson, 1988, "Welfare Spending in Advanced Industrial Democracies, 1950－1980." *American Journal of Sociology*, 93: pp. 1424－56; Pampel, Fred C. &John Williamson, 1989, *Age, Class, Politics, and the Welfare State*, Cambridge: Cambridge University Press.

[3] ［美］约翰 B·威廉姆森、费雷德 C·帕姆佩尔著，马胜杰等译：《养老保险比较分析》，法律出版社，2002 年版。

（Pampel）分别于 1988 年、1992 年有系统地对社会民主理论进行了分析，他使用工业国家的福利支出情况来观察福利政策的发展，认为劳工运动是影响福利政策发展的巨大因素，以及公共支出程度是反映一个社会阶级力量是否均衡的结果。迈尔斯（Myles）[1] 也持有同样观点，劳工阶级的年金多寡，正好可以解释劳工阶层势力的强弱。由此可以得出，社会民主论的逻辑依据是有组织的劳工和左翼政党决定着工人阶级的影响力，而强有力的劳工支持左翼政府当选，而左翼政府最有可能实行激进的社会立法，包括激进的养老金立法。因此，公共养老金和其他社会福利支出的水平也被视为代表工人阶级利益的政党和代表资本家阶级利益的政党之间进行民主的阶级斗争的结果[2]。

不过这一理论的反对者却指出，尽管从北欧的福利国家形成来看，劳动阶级的运动从中起了巨大的推动作用，但是勒格兰德（Le Grand）[3] 在研究英国福利服务的公共支出时却发现，高所得者或职业阶层较高者，在福利政策的改革中受益最多，这说明劳工阶级虽然是福利改革的推动者，但是中产阶级却是最大受益者。另外，在一些发展中国家，或者是缺乏左派政党的国家，社会民主论也无法解释为何该国的社会政策仍有长足发展。再加之随着社会的变迁，社会团体也在逐步分化及其异质性的增强，劳工阶级推动社会政策的影响力也在遭受挑战。

从新中国成立以来近 70 年的发展历史来看，在社会政策的制定和发展过程中，基本上我国社会政策的产生和发展都是从属于国家的发展和规划，从计划经济的"一大二公"到市场经济时代的"为经济建设的服务和配套"，皆是在政府指令性计划或规划中生成和发展的。显然，社会民主论不可能对我国养老金政策产生和发展做出合理的解释。

---

① Myles, John, 1984, *Old age in the welfare state*: *The political economy of public pensions*, Boston: Brown Press.

② ［美］约翰·B·威廉姆森、费雷德·C·帕姆佩尔尔著，马胜杰等译：《养老保险比较分析》，法律出版社，2002 年版。

③ Le Grand, 1982, *The strategy of equality*: *redistribution and the social services*, Allen & Unwin, London.

2.1.3 新马克思主义理论

新马克思主义理论也称为垄断资本主义理论。它们都延续了传统马克思主义的分析逻辑：社会福利是阶级结构、阶级冲突和阶级决定论的产物，也即福利国家的分析架构，是建立在资产阶级和劳动阶级的分配冲突之上[1]。所以，作为对传统马克思主义分析逻辑的传承，新马克思主义者将社会政策解读为，领导（资产）阶级出于经济利益的需要，社会福利政策是资本主义社会维护其合法性和稳定性的一种策略。换言之，国家的作用是控制工人阶级，并为资产阶级的经济利益服务，而国家实施养老金制度及其他社会保险计划是控制劳工阶层的一种机制而不是劳工所获得的胜利。由此可见，新马克思主义观的关键假设是国家被紧紧地控制在经济精英的手中，国家实施养老金和其他社会福利计划着眼点是加强对劳方的社会控制，同时利用养老金计划减轻变革压力的程度可以带来收入分配的实质变动[2]。

但是新马克思主义和传统马克思主义也有重大区别，这个区别就是对国家的见解：传统马克思主义认为国家是由资产阶级所控制，而新马克思主义则认为国家是由劳工阶级所主导，目的是反对资产阶级的经济利益。因此，在这种理论之下，"国家"具有相当的自主性，但是由于政府要继续掌握国家机器，在运作过程中也会迎合资产阶级或劳动阶级的利益诉求。所以，新马克思主义认为，不能简单地把养老金及其他社会保险制度的实施视为劳动者阶层的胜利，而只是政府设计的一套控制劳工运动的机制。与此观点大致一致的是，奥康纳（O'Connor）[3] 也认为社会政策的实施是为了维护资产阶级的利益和防止社会不满的发生，所以政府必须补助教育以提高知识技能，实施社会保险以维护劳动品质。

同时，新马克思主义观点也认为，老人在现代资本主义社会中，是最没

---

① Pampel, Fred C. &John Williamson, 1989, *Age, Class, Politics, and the Welfare State*, Cambridge: Cambridge University Press, P. 9.

② ［美］约翰·B·威廉姆森、费雷德·C·帕姆佩尔著，马胜杰等译：《养老保险比较分析》，法律出版社，2002 年版。

③ James O'Connor, 1973, *The Fiscal Crisis of the State*, St. Martin's Press.

有生产价值的一个阶层，因此社会保险的退休给付或养老金制度是资产阶级为了提高生产效率，强迫老年劳工退出劳动力市场的一种手段，以降低工人的抗争。所以，养老金制度的实施也是一种社会控制的形式，用以强化既有的不平等。依此逻辑，新马克思主义者在分析第三世界的养老金制度时发现，在许多第三世界国家，公共养老金主要是提供给那些较富裕阶层的成员，例如政府公务人员、军职人员以及大型企业的高级职员，而针对其他劳动阶层的养老金待遇，不仅领取条件受到严格限制，而且提供的待遇标准极低，所以，养老金制度反而成为一些国家经济不平等的来源。

虽然新马克思主义对解释福利国家有一定的合理性，这在俾斯麦关于建立德国社会保险制度的初衷中得到有力验证，但是后来的社会福利发展过程表明，显然不能简单地归纳为出于社会控制的目的，比如伴随着西方 20 世纪五六十年代经济繁荣而造成福利扩张的事实，而且也无法说明各国福利国家在发展过程中的巨大差异。而在我国的养老金制度的改革过程中，是伴随着大量的国有企业工人下岗、失业，这显然不是出于社会控制的目的，而更可能是现实所迫的无奈之举。

2.1.4　新多元主义理论

新多元主义的概念来自政治学，最早可追溯到托克维尔的《论美国的民主》一书中关于自愿性组织的论述。多元主义的核心观点认为社会政策是不同利益集团竞争的结果，其理论核心假设是公民影响政府政策的方式是同其他人共同组成一个协会或利益集团[1]，基本逻辑是自主性的公民可以通过加入利益团体来影响社会政策，社会福利政策的制定会受到来自各种利益压力集团的强烈影响[2]，具体运作方式是通过利益集团的折中妥协，最后达成一个大家都可以接受的公共政策，因此，这种透过利益集团博弈而形成社会政策的理论也称为"利益集团政治理论"。

---

[1]　Pampel, Fred C. & John Williamson, 1989, *Age, Class, Politics, and the Welfare State*, Cambridge: Cambridge University Press.

[2]　[美] 约翰·B·威廉姆森、费雷德·C·帕姆佩尔著，马胜杰等译：《养老保险比较分析》，法律出版社，2002 年版。

在福利国家发展和变迁的研究中，老年政治是一个必修课题，因为在老年人口日益庞大的情况下，加之利益诉求的同质性很高，它会自动形成有影响力的利益集团，游说政府并影响政府做出对他们有利的决策。在威伦奇[①]的研究中，老年人口的比率是一个重要的解释变量。而威廉姆森和潘佩尔[②]在公共养老金支出的比较研究中，更深入地分析了老年人口问题，不仅是老龄人口的多寡会影响养老金的开支，重要的是老年人口的政治势力。他们的分析逻辑都建基于政治的公共选择模式，公共选择理论假设每一个人都理性最大化的经济人。这种假设应用到福利国家的发展上，即是人们期望政府会提供比较优厚的年金支付，以回应选民的福利需求。

奥尔森（Olson）[③]对新多元主义的影响很深，他认为在民主政体下，选票对于政党政治至关重要，虽然有些人并不属于某一利益集团，甚至没有加入利益集团的意愿，但是作为一种潜在的利益集团，他们却可以享受利益集团所带来的好处。奥尔森认为，即使利益集团形成，他们也只是为自己的利益而行动，而不是为集团的利益着想。根据集体行动的逻辑，一旦某个集团享受了利益，就不再可能减损其既有的福利。所以，民主选举的结果是政府福利支出的扩张。

在民主政治的社会里，新多元主义对推动福利政策的发展和改革有其独特的解释力，但这种模式却无法对后发展国家（尤其是缺乏民主政治的国家）福利政策的发展给出合理的解释。在这些国家，推动社会福利发展的主要力量，往往来自经济社会的压力以及全球化的影响。而在中国养老金的改革过程中，不能说老龄群体对改革进程完全没有影响力，但是他们的影响力确实微乎其微，正如马克·弗雷泽（Mark W. Frazier）[④]在分析中国养老金改革进程时指出："上世纪 90 年代的改革其实是中央政府减轻责任、强化管理的一个过程"。

---

① Wilensky, Harold, L, 1975, *The Welfare State and Equality: Structural and Ideological Roots of Public Expenditure*, Berkeley: University of California Press.

② Pampel, Fred C. & John B. Williamson, 1988, "Welfare Spending in Advanced Industrial Democracies, 1950－1980." *American Journal of Sociology*, 93: pp. 1424－56.

③ Mancur Olson, 1965, *The Logic of Collective Action: Public Goods and the Theory of Groups*, Harvard University Press.

④ Mark W. Frazier, 2010, *Social Insecurity——Pension and The Politics of Uneven Development in China*, Cornell University Press.

2.1.5　国家中心理论

国家中心论认为，国家对养老金政策和福利政策具有主导性，国家的结构特征、历史传承与领导精英群体的特性都会影响福利政策的发展[①]。国家中心论亦强调国家政治结构的历史渊源，主张国家中心论的学者[②]一般延续其历史研究的传统，把"国家"放在历史及其结构中进行讨论，认为早期立法及其政策会对当今福利政策产生重要影响[③]，把政策制定过程当成一个对于先前政策或是政策决策模式的反应。

国家中心论的理论假设一般是基于以下两个命题：一是国家有自己的"利益"追求，不能把它简单归结为阶级利益；二是国家有自己独特的"能力"，这种能力来自于国家所拥有的组织特质与压制能力。在这里，国家中心论强调国家具有其自主性，因其有自己的利益和偏好，国家所要达成的目标与政策在实际运作上，未必与社会团体和阶级的利益与诉求相吻合。所以，国家在社会政策的制定过程中，不论是在理论上的建构或是事实上的分析都占据核心的研究地位[④]。因此，绝不能将国家政策视为对社会阶级或特定集团利益诉求的单纯反应，因此国家实质上也是行动者，他有着自己的利益和偏好。

按照国家中心论的观点，福利国家的发展只是国家政府发展的一部分，

①　Ann Shola Orloff and Theda Skocpol, 1984, "Why Not Equal Protection? Explaining the Politics of Public Social Spending in Britain, 1900 – 1911, and the United States, 1880s – 1920", *American Sociological Review*, Vol. 49, No. 6, Dec. , pp. 726 – 750; Weir, M. and Skocpol, T. , 1985, "State structures and the possibilities for 'Keynesian' re-sponses to the great depression in Sweden, Britain, and the United States", See Evans, Rueschemeyer & Skocpol 1985, pp. 107 – 163; Skocpol Theda, 1992, *Protecting Soldiers and Mothers: The Political Origins of Social Policy in the United States*, Cam-bridge: Harvard University Press.

②　Orloff AS. , 1993, *The Politics of Pensions: A Comparative Analysis of Britain, Canada, and the United States*, 1880 – 1940, Madison: Univ. Wis. Press.

③　Skocpol T. and Edwin Amenta, 1986, "States and Social Policies", *Annual Review of Sociology*, Vol. 12, pp. 131 – 157. ; Skocpol T. , 1985, Bringing the state back in: strategies of analysis in current research, In *Bringing the State Back In*, ed. PB Evans, D Rueschemeyer, T Skocpol, pp. 3 – 37. New York: Cambridge Univ. Press

④　Eric Nordlinger, 1981, *On the Autonomy of the Democratic State*, Cambridge, Mass. : Harvard University Press; Skocpol, 1979, *States and social revolutions: A comparative analysis of France, Russia, and China.* Cambridge and New York: Cambridge University Press.

可以视为政府有能力为大众提供服务的一种结果。这是因为福利国家的成长掌握在福利官僚手中,威伦奇早在 1975 年比较各国福利制度时发现这一事实,可能是这些官员对社会政策情有独钟而发展福利政策,也可能是出于自身利益的考虑。所以赫尔科(Helco)① 认为,行政精英在社会保险立法中,扮演相当重要的角色。同时斯克波尔(Skocpol)② 在分析英美两国的社会保险政策时,发现由于两国政治精英和政治结构的不同,两国的社会保险政策也呈现巨大差异。威廉姆森和潘佩尔③也认为国家的参与方式和国家的结构特征是养老金政策的重要决定性因素。

对国家中心论持批评态度的学者认为,国家自主性并不是一成不变,在现代民主政治的发展过程中,伴随着政党竞争与利益团体逐步进入权力核心,国家自主性也会因应社会的压力而可能转变做法。换言之,在政策的制定过程中,国家虽然依然存在影响力,但整个政策形成过程主要是在国家与各种社会力量之间,如政党政治、利益集团、社会运动等交错影响之下,在博弈、同盟、共识之下达成的妥协结果。

尽管国家中心理论相较于其他福利国家的发展理论,对于解释我国养老金制度的创立和发展有较强的说服力,可能这种解释也更符合中国的国情和政治结构特征,但是如果只偏于这一种假说也很难从整体上把握中国养老金制度改革的复杂性,比如经济体制改革所造成的劳动用工制度的转变、原来计划经济体制培养出来的对国家福利依赖等,同时也无法对改革进程及其产生的后果给出合理的解释。

2.1.6 其他理论解释

在上述五种养老金发展理论之外,亦存在着其他理论从各自的视角解释

---

① Heclo Hugh, 1974, *Modern Social Politics in Britain and Sweden*, New Haven: Yale University Press.

② Skocpol T., 1985, Bringing the state back in: strategies of analysis in current research, In *Bringing the State Back In*, ed. PB Evans, D Rueschemeyer, T Skocpol, pp. 3 – 37. New York: Cambridge Univ. Press

③ [美] 约翰·B·威廉姆森、费雷德·C·帕姆佩尔著,马胜杰等译:《养老保险比较分析》,法律出版社,2002 年版。

养老金的发展，比较具有解释力的理论包括社会公民权理论、全球化理论、意识形态理论等。

社会公民权理论（Social Citizenship Theory）把养老金看作一种权利，亦即将福利视为一种基本的人权。社会权概念，最初由马歇尔（T. H. Marshall）① 提出。马歇尔认为，福利国家是一种社会公民权利，目的是确保每一位公民获得适当的生活水平，而公共养老金无疑是社会权利的一种。

全球化理论的解释力特别适用于欠发达国家或者福利后进国家，因为这些国家在发展社会政策时往往会去参考其他先进国家的经验。随着经济全球化的发展，日益加大的市场风险也提高了劳动人口对于社会保障的需求，导致各国建设相类似的社会安全网。生物学上的"趋同演化"原则被社会科学家借以说明社会、经济和文化中所存在的趋同现象。在全球化的大背景之下，全球政治经济互动日趋频繁，国家间互赖增加，半边缘或边缘国家为了纳入全球体系，而学习新的世界正义概念，履行新的世界政体仪式，其中社会福利也是提供进入全球政体的仪式之一。

意识形态理论认为，社会政策问题的产生往往涉及人们的意识形态、价值理念和文化意识，问题的产生也不必然需要特定的经济、物质条件，甚至不一定需要存在具体的问题，而主要是人们的运作和炒作。因此，不同的意识形态会影响他们如何看待社会问题的方式。蒂特马斯（Titmuss）② 指出，政策脱离不了价值观念和意识形态，社会政策包含许多的社会目的和选择，表明社会政策不可能做到完全价值中立，特别是福利体系甚至可以反映出社会中的主流文化价值和政治特色。

以上的理论解释，尽管有其逻辑上的合理性，也有比较适宜的国家案例加以证明，但是如果具体到解释我国"统账结合"养老金模式的缘何产生，就会显得很苍白无力。因为这种各自分散的理论解释，不可能完整地描述出我国养老金改革过程的图像。如同目前对我国养老金政策的诸多研究，多数是以财务、保险、精算或者政治经济的观点来加以阐述，但对于我国"统

---

① Marshall T. H. , 1950, *Citizenship and Social Class*, *Cambridge*, England：Cambridge University Press.

② Titmuss, M. Richard, 1974, *Social Policy*, London, England：George Allen and Unwin.

账结合"模式之形成过程却很模糊。目前存在的许多疑问，使我们有必要将关注点重新放回整个历史长河，来观察我国当前施行的基本养老保险制度模式的前生今世、前因后果以及来龙去脉。而历史制度主义则正好可以提供一个整体性的视角，来观察"统账结合"模式的缘起、形成和发展过程，及其相关影响因素。

2.2 理论解释的替代范式：历史制度主义的选取

既然福利国家发展理论不能为我国养老制度改革提供有效的解释，那么我们有必要寻找其他的理论框架对其进行解释。正如斯克波尔（Skocpol）在解释中、俄、法三国社会革命产生的原因和结果时，认为已有的四大类社会革命的理论解释模式[①]都不能对上述三个国家的社会革命做出有效的解释，为此她提出三个分析原则，即结构分析、历史背景分析和国家所具有的自主性分析，以替代原有流行的理论模式。建构这种分析原则或框架很重要，它不仅能够对已有理论所具有的缺点进行批判，还能从整体上对作者关注的议题进行分析。

由于本书的目的是对我国"统账结合"养老金模式形成的独特原因给出合理的解释，其分析路径类似于斯克波尔对中、俄、法三国社会革命的研究，所以对《国家与社会革命》的研究方法多有借鉴，但与伟大的斯克波尔不同，本书不奢望创造一种独特的研究方法或分析理论，只是想借用一种已有的制度变迁理论——历史制度主义对"统账结合"养老金模式进行分析，来探究形成的原因并在此基础上给出相对合理的因果解释。因此，本节

---

　　① 注释：斯克波尔（Skocpol）把当时流行的社会科学革命理论归结为四个大类：第一种是马克思主义。它将革命视为阶级分裂的产物，革命是通过阶级冲突而将一种生产方式改造为另一种生产方式的过程；第二种是聚合－心理学理论。这一理论命题从人们卷入政治暴力或参加对抗性运动心理动机的角度来解释革命，其代表作是托德·格尔（Ted Gurr）的《人们为什么造反》；第三种是系统/价值共识理论。这一类理论把革命视为一种由社会系统严重失衡所引起的意识形态运动的暴力反应，代表作是卡查尔莫斯·詹森（Chalmers Johnson）的《革命性变迁》；第四种是政治－冲突理论。它认为在解释集体暴力和革命时，必须将注意力集中于政府内部的冲突，以及各种有组织的集团之间为获得权力而展开的竞争，代表作是查尔斯·蒂利（Charles Tilly）的《从动员到革命》。（参阅《国家与社会革命》，何俊志、王学东译，2007：6）

的任务是介绍为什么选取历史制度主义而不是选取其他的理论解释模式。

2.2.1　中国养老金制度模式的独特性

在第一章的导言中，已经从比较的观点讨论了我国"统账结合"养老金模式的独特性。作为一种兼具"现收现付"和"个人基金积累"性质的混合养老金制度模式，其改革过程和改革结果都不同于现行的其他养老金制度模式。因为综观世界各国的养老金制度，基本上公共养老金和私人养老金制度是分立的，因其提供的主体不同而形成养老金体系不同的"柱"（pillar），也因保障的功能不同而形成不同的"层"（level）①，特别是在发达资本主义国家，这种养老金供给的"柱"和"层"一般是泾渭分明的，而我国这种混合式的制度是分辨不出二者功能的。根据制度设计，二者是混合在一起构成我国基本养老保险制度的主体，以实现对退休前收入的替代功能。即便是在某些形式上有点类似于瑞典等国家的"名义账户"养老金制度，但是其实质却相差甚远，因为"名义账户"的"统筹基金"和"个人账户基金"是严格实行分开管理的，"统筹基金"进行社会平衡并用于当期发放，"个人账户基金"则实现完全积累，以累计个人未来待遇。而我国的"统账结合"制度下的"社会统筹基金"和"个人账户基金"基本上是混账管理的，尽管它的设计初衷也是分开管理。

那么，既然我国"统账结合"的制度在世界上是"独一无二"的，我们就要探究这种状况形成的原因：它是在什么样的历史条件下形成的？有哪些因素影响和形塑了这种制度？所以，欲要了解制度如何在历史中被创造、被形塑，甚至是转变，就必须把观察焦点放回到社会文化的大背景下进行探讨，以寻找制度形成的因果关系。

2.2.1.1　"中庸"特质的儒家文化

各国在进行养老金改革的路径选择时，尽管在很大程度上受到政治体

---

① 关于"柱"和"层"的区别："柱"是指养老金制度由谁来提供，比如 OECD 国家通常所拥有的公共柱、企业柱和私人柱；"层"是指不同层次的养老金制度的保障功能的实现，比如防止贫困的最低收入层、收入维持功能的收入替代层，以及提高生活质量的职业和个人层。

制、政党制度、利益团体、社会结构、历史传统等因素的影响或左右，但是传统文化的影响也是一个重要方面，甚至可以左右政策的选择。基于此种原因，许多学者从文化角度对社会保障的改革进行了解读，一个基本结论是文化乃任何社会生活的一部分，作为一种基因已经深深嵌入民众的心理之中，并时时左右着行为选择的方向，政策制度的行动者和参与者当然也不例外。我国在对养老金改革的路径选择时，既没有采取拉美式的激进措施，也没有采用成熟国家的保守方式，而是选择了兼具二者特色的混合模式，不能说没有受到我国"中庸"文化的影响，最起码从"中庸"的角度解释我国"统账结合"模式的选择是一个可行的方向。

"中庸"之道是中国传统文化的精髓，经过儒家教育的传播和历朝统治者的推广，已经作为一种文化基因深深渗透到了中国文化的每一个元素或成分之中，成为构成普罗大众文化心理和社会心理的核心要素之一。每个置身于中国文化视野中的社会成员，无论你愿不愿意，承不承认，都无法摆脱那与生俱来的中庸思维模式和价值观[1]。"中庸"思想在我国起源很早，《尚书》所强调的"执中"思想可以称为"中庸"之道的思想源头。而"中庸"一词，最早可见于《论语·雍也》："中庸之为德也，其至矣乎！民鲜久矣。"意思是说中庸是最高的道德修养境界，因此孔子感叹可惜很少有人能够做到了[2]。孔子所推崇的"中庸"思想在朱熹那里得到了阐释："子程子曰：不偏之谓中，不易之谓庸。中者天下之正道，庸者天下之定理。""中庸者，不偏不倚，无过不及，而平常之理，乃天命所当然，精微之极致也。"通俗地讲，"中庸"的含义就是凡事要追求一种不偏不倚、无过不及的状态，也即中道的运用。

"中庸"思想是以《中庸》文本为依托，经由孔、孟阐释成型，随着中国大一统社会的形成，儒学在西汉时期取得"独尊"地位之后，儒家学说成为官方正统思想，"中庸"思想也由此变成了中国传统社会官方政治哲学的重要理念。因此，"中庸"思想得以从政治、经济、文化等各个方面逐步

---

① 中国网：http://www.china.com.cn/culture/txt/2010-01/22/content_19290247.htm。
② "中庸之道是中国文化骨髓"，参见 http://chongqing.china9986.com/newspaper/newsarticle/194454.shtml。

渗透于中国传统社会之中，可以说对每个中国人的心理和行为产生了深入骨髓的影响。虽然我国的传统文化在"文化大革命"中受到猛烈抨击，但是从改革开放之后，传统宗教开始复苏，传统的节日、仪式、舞蹈和中医药又成为人们日常生活的一部分，儒教仍是中国文化统一的核心①。作为一种深入骨髓的文化基因，理所当然地影响了我国当代的政治生活和社会政策的制定。根据文献记载②，我国"统账结合"的混合制度模式是在一批经济学家在考察和研究了欧洲大陆国家的社会保障制度、新加坡的中央公积金制度以及智利的养老基金制度以后提出的。不论当时的政策制定者是否受到"中庸"意识的影响，但就其政策结果而言，这种综合了欧洲大陆、南美智利和亚洲新加坡的混合制度模式，却多少体现了"中庸"之道的思想传统。

2.2.1.2　养老金改革的特殊背景

众所周知，中国在计划经济时代的养老保险制度实质上是"企业保险"，它是根据马克思的"六个扣除学说"③建立起来的生产型福利制度，是一种企业的附属产品，而不是一种具有独立制度、独立运作体系的政策制度，这种在独特社会条件下产生的独特制度，注定其改革的主要的动因不是基于自身的调整，而是跟随它所附属的制度体系调整而调整，从它的本质属性来看，我国养老保险的改革注定具有它的独特性。

和OECD等具有成熟养老金制度的国家相比，我国的养老保险改革不仅只是因为人均寿命延长、经济发展滞缓、财务支付压力以及制度结构不合理等因素的转变，在此之外，更主要的原因是经济转轨和社会转型这个大的背景。由于中国的改革开放，尤其是自1984年之后，中国经济体制改革的重心从农村转移到城市，企业逐步走向市场，按市场经济的原则组织生产和经营，"企业保险"已不再适应新的形势，中国的社会保险制度改革提上议事日程④。而随着改革开放的逐步深入，劳动用工制度也发生了深刻的变化，

---

① 郑秉文、J.威廉姆森、E.卡尔沃：《中国与拉美社会保障比较：传统文化与制度安排——提高覆盖率的角度》，载《拉丁美洲研究》，2009年第1期。
② 王东进：《中国社会保障制度的改革与发展》，法律出版社，2001年版。
③ 郑功成：《社会保障学》，商务印书馆，2002年版。
④ 仇雨临：《当代中国的养老保险制度改革》，载《教学与研究》，1996年第5期。

劳动工人已不再局限在终生为一个企业工作，多种所有制形式企业的不断涌现和劳动用工制度的灵活多样，也呼唤新型养老保险制度的出现以适应新的经济形态和社会结构。而随着1993年十四届三中全会的召开，中国建立社会主义市场经济制度的确立，这种适应市场经济体制要求、能够体现个人责任和经济效率的"统账结合"养老保险制度便应运而生了。换言之，十四届三中全会催生了"统账结合"的养老金制度，因为党的十四届三中全会在社会保障制度建设上的一个重大突破是关于个人账户的设置①。

与20世纪80年代风靡全球的智利养老金改革模式相比，中国养老金改革有其社会条件和政治意识形态的特殊性。智利进行养老金私有化改革的背景，是1973年皮诺切特军政府的执政和新自由主义经济意识形态的盛行。军政府的强权统治，可以保证新自由主义经济改革的顺利推进，而新自由主义集政治哲学、经济思想和意识形态于一体的特性，决定了私有化必然对拉美政治、经济和社会发展产生深刻而持久的影响②。智利的改革包括实施货币主义政策，实行私有化、自由化和市场化，而其中一项具体的改革举措是对养老保险制度的新自由主义改革，又称养老保险制度的私有化改革或养老保险制度改革的"智利模式"③。智利这种新自由主义的改革思想很大程度上来自美国的蓄谋与干预，这与我国在进行经济改革时有自主性的稳步推进是极不相同的，所以注定了两国养老金改革模式的不尽相同。

即便是与我国养老金改革背景最为相近的是中东欧社会主义转型国家的养老金改革，由于经济和政治改革的深度和广度不同，也明显呈现了不同的改革模式。与中国采取"放权让利"式的渐进式经济改革不同，俄罗斯、波兰、捷克、匈牙利等中东欧转型国家的经济改革采取的是相对激进的"私有化"改革④。与此同时，这些国家也进行了不同程度的政治体制改革，大多由过去的共产党社会主义国家过渡到议会民主式的资本主义国家，而中

---

① 王东进：《中国社会保障制度的改革与发展》，法律出版社，2001年版。
② 陈平、苏振兴：《新自由主义和拉丁美洲的私有化》，载《中国社会科学院研究生院学报》，2005年第2期。
③ 郑军、张海川：《智利养老保险制度早期发展脉络的政治经济学分析》，载《拉丁美洲研究》，2010年第3期。
④ 参阅：杨哲英：《主要转轨经济国家所有制改革的比较》，载《辽宁大学学报》（哲学社会科学版），2001年第3期。

国的政治改革主要体现在通过行政机构改革等技术性的体制内调整措施来代替宏大的体制性改革①。这种不同的政治经济改革不同背景决定了具有相同"出身"的社会主义转型国家也走上了截然不同的养老金改革路径。

2.2.1.3　计划经济模式培养的强"福利依赖"

我国改革之前的养老金制度是在 20 世纪 50 年代效仿苏联福利性养老金制度建立起来的，当时的制度设计是为了适应计划经济体制的要求，压低工资以利于工业化积累，实行的是与就业捆绑在一起的"低工资，高福利"制度模式。长期以来，企业职工个人都不需要缴纳任何保险费，退休金以及其他福利待遇则完全由国家和企业"包办"，在这种"国家－企业"保险制度下，企业大包大揽的做法使企业职工逐步由"社会人"变成"单位人"，从而也逐步形成了职工对国家和单位的"福利依赖"心理。

但是，随着 1978 年改革开放政策的施行和 1979 年养老保险制度的恢复，大多数企业面临着退休职工人数急剧上升和资金支付能力快速萎缩的双重压力，特别是在一些传统工业部门，如纺织企业，养老金支出能够占到职工工资总额的 50%，甚至超过职工工资②。在这种困难局面之下，有的企业只有推迟发放甚至是停发退休金，使退休职工的生活受到很大影响，请愿等活动时有发生。这些活动实质上是退休职工对自身权益的一种表达，在西方学术语境之下属于养老金政治，而在中国则是"福利依赖"思想的必然反映，因为养老金本身就是一种收入补偿或工资的延期支付，尤其是在中国长期实行低工资的情况之下。

在中东欧原社会主义国家经济转轨时，大多数国家对过去实行的"长期低工资"制度的补偿方法是，透过国有企业"私有化"的分配方案，让每个职工都能分得一定份额的"企业股份"，用以补偿计划经济体制之下的"低工资"，从而减轻职工对国家和企业的"福利依赖"。而在中国，由于实行的是渐进式的经济改革，国有企业也没有实行大规模的"私有化"，企业职工只得沿用过去的方式获得经济利益的补偿，也即延续对"国家－企业"

①　徐湘林：《渐进政治改革中的政党、政府与社会》，中信出版社，2004 年版。
②　Mark W. Frazier, 2010, *Social Insecurity*, Ithaca and London：Cornell University Press, pp53.

的"福利依赖"。以上两种不同的所有制分配方式，也必然导致养老金改革的路径不同。既然计划经济时代的中国实行"低工资、高福利"制度是培养的工人对国家的忠诚，那么，实行市场经济以后的中国还应该负担起这个责任，要一直为计划经济时代的职工"买单"。所以，中国的养老金改革是国家背负着这个"福利依赖"的"包袱"而进行的，在改革过程中不得不考虑原有职工的福利诉求，改革的最终模式呈现混合体制也就不足为奇了。

2.2.2 历史制度主义的解释优势

面对中国养老金模式的独特性，本书选取新制度学派中的历史制度主义理论来对它的形成原因进行解释。那么，什么原因促使笔者选取历史制度主义来解释中国养老保险制度的变迁？历史制度主义在解释"统账结合"养老金制度时又有哪些独特优势呢？保罗·皮尔森和瑟达·斯克波尔在《当代政治科学中的历史制度主义》一文中指出，历史制度主义分析方法的主要特征有三个：一是关注那些能造成重大结果或令人疑惑的事件；二是强调事件发生的背景和关键变量的序列；三是通过追寻历史进程的方式来找出事件和行为的原因[1]。结合中国"统账结合"养老金模式形成过程的独特原因，笔者认为历史制度主义的这三个主要特征，正是解释中国养老金独特模式的优势之所在。

2.2.2.1 强于对独特社会历史事件的解释

在人类发展历史中，许多事件的发生都有规律可循，总可以在历史的长河中找到与之类似的事件，供后来的理论者研究评析，但也有一些事件是例外的，如一些影响社会变革的革命性事件，因其发生的独特性、偶然性，很难在历史上找到与之类似的案例，这给研究者带来极大的麻烦，这就要求社会科学家建构一种新的理论对此进行解释。进入 20 世纪六七十年代，随着

---

[1] Paul Pierson and Theda Skocpol, 2000, "*Historical Institutionalism in Contemporary Political Science*", paper prepared for presentation at American Political Science Association Meetings, Washington, D. C.

新制度学派的兴起，关注对历史事件本身的研究给此类困难带来了一丝曙光，而历史制度主义的结构分析和历史溯源分析更是有助于解决这一困难。因为历史制度主义研究的一个纲领，就是注重对历史和世界重大问题的研究①。

对一个独特历史事件如何进行考察分析，是历史制度主义研究方法所要关注的问题。历史制度主义的早期研究主要是通过考察国家之间政策的差异，来发现原有制度是如何对未来制度发生影响的。例如巴林顿·摩尔在《民主和专制的社会起源》中指出，一国的历史将制约着该国的现代化路径和时间选择，不同国家有着不同的文化和政治前提，而正是这种差异性决定了后续的发展道路不同②。所以，透过考察历史事件的历史轨迹并对其进行分析，是解释独特性事件的一个有效方法。

在进入 90 年代以后，以历史背景和制度结构为分析取向使历史制度主义的理论研究获得新的发展，其表现主要是一大批学者开始运用历史制度主义的方法研究当今世界上的重大而令人疑惑的问题，如现代国家的起源、福利国家的形成及多样性、社会政治运动的起因和后果等，并在不断发展中形成理论分析的框架，尤其是在公共政策的研究中，既在对独特案例的研究中进行理论建构，也在理论建构的同时没有放弃对实际政策问题的关注。

2.2.2.2　注重制度的历史因果分析

比较历史研究是历史制度主义的一个核心工具，马奥尼（Mahoney）和鲁施迈耶（Rueschemeyer）认为，比较历史研究有三个特点③：一是致力于寻求因果关系；二是重视历史过程和顺序分析；三是一般都对案例进行比较研究。尤其是对历史事件的因果逻辑分析，更能发现制度变迁的真实面目。因为历史制度主义，强调政治生活中路径依赖和制度变迁的特殊性，主要是通过追寻事件发生的历史轨迹来找出过去对现在的重要影响，并试图透过放

---

① 何俊志：《结构、历史和行为——历史制度主义对政治科学的重构》，复旦大学出版社，2004 年版。
② 刘圣中：《历史制度主义 - 制度变迁的比较历史研究》，上海人民出版社，2010 年版。
③ James Mahoney and Dietrich Rueschemeyer（Ed.），2002, *Comparative Historical Analysis in the Social Sciences*, Cambridge University Press.

大历史视角的方式来找出影响事件发展过程的结构性因果关系和历史性因果关系。

所以，历史制度主义在分析制度变迁时，不但要找出制度的共时性结构因果关系，还要发掘制度变迁的历时性因果关系。因其需要进行历时性分析，往往需要拉长分析的时段，这种分析方式对影响社会变迁的重大事件尤其重要。因为长过程的个案研究可以清晰地将福利国家发展过程中政治的争议，以及本质和影响因素详实地叙述与分析①。

历史制度主义也强调历史对人和组织利益的塑造，其因果关系是，历史—制度—利益—行为—政策，也即历史决定制度，制度影响利益，利益支配行为，行为导致政策。这种因果关系使得历史制度主义更强调制度的延续性和对政策结果的决定作用②。所以，制度是历史演变的结果，对事件发展进程的历时性因果分析就显得非常重要，但是很多制度却也有政治、社会力量等无意识作用的结果。

2.2.2.3　研究核心是制度变迁

对制度生成和变迁的解释长期以来都是社会科学研究中的重要命题。在社会科学研究的传统中，卡尔·马克思和马克斯·韦伯是制度分析的先驱，他们分别从不同的角度对社会制度的历史进程进行分析研究，尤其是当代资本主义制度如何出现的研究③。而历史制度主义对两位先贤的思想都有所借鉴，它的研究的核心是制度变迁，所运用的方法主要是制度分析以及比较历史分析。

历史制度主义认为制度变迁是个渐进过程，即是在原有制度基础上进行创新和调整，而不是对制度进行重新设计。因为它认为制度的变迁来自固有平衡的破坏或被干扰，这种变化总是与环境的变化有关，而制度变化要依赖于环境的变化。所以，历史制度主义在处理制度的起源和变迁时主要涉及三

①　林万亿：《福利国家——历史比较的分析》，巨流图书公司，1994年版。
②　朱天飚：《比较政治经济学》，北京大学出版社，2006年版。
③　注释：卡尔·马克思从宏观的视角出发，通过对社会的分析，认为阶级之间的矛盾是社会发展的动力，并由此形成资本主义的发展；而马克斯·韦伯则从微观的视角，通过对制度的分析，认为个人理性是促进社会发展的动力并催发资本主义的形成。

个变量：旧制度、环境和行动者。历史制度主义者正是基于此才提出了制度变迁理论。

在养老保险制度变迁过程中，历史制度主义可以透过结构分析，探析有哪些制度性因素及政治变量会影响养老保险制度模式的确立或选择，即养老保险模式在选择过程中是如何受其他因素的制约或影响的。透过历史分析，我们可以考察出养老保险制度的历史变迁过程对当前制度模式形成所起的作用，以找出解释我国"统账结合"养老金模式形成的原因。

2.2.3　对中国的适用性

没有任何理论是真实无疑的，而只有理论是适用的。如同福利国家发展理论在解释福利制度时有所侧重一样，历史制度主义也不可能是一种完美的社会科学理论，只能说它更适合于某一类议题的研究。这种"适合"，除了要求理论本身有成熟的理论分析框架之外，更重要的是所侧重的分析框架能够和研究对象相契合。基于此，结合历史制度主义的分析原理，笔者认为这种理论很适合对我国"统账结合"养老金模式形成的原因进行解释。

2.2.3.1　强调社会历史背景分析

历史制度主义的研究方法，如波拉尼对政治制度转型的研究、摩尔对民主和专制的起源研究，以及斯考切波对社会革命的研究，与传统的研究方法静止地看待制度不同，他们注重追溯事件的历史根基，力求从历史的背后去寻找表面上所看不到的影响因素，以发现经济、政治、战争、组织、观念、文化、意识形态等要素都对制度的生成、转型、衰退产生作用①。

众所周知，我国养老金模式的改革是在经济转轨和社会转型的大背景下被迫进行的。谈到改革背景和原因，必然要追溯原有制度的历史发展轨迹和制度的来龙去脉，这就需要利用历史制度主义追寻历史进程的研究方法：一是社会调研时间框架的延伸，扩大了可能要加以研究的社会经历的范围，这

---

① 刘圣中：《历史制度主义——制度变迁的比较历史研究》，上海人民出版社，2010 年版。

就自然产生更多的数据和结果有影响的变量；二是检视历史发展顺序对于揭示因果关系的效用；三是以历史资料为基础而进行研究的优势是在有关因果关系的论证中，提高了对时间界限或期间效果的敏感性，这代表了对背景的关注和强调①。

在前面关于制度变迁的论述中，已经提到要想追求事件发生的本来面目，必然要对制度的起源、发展和变迁进行历时性的分析，同时还要对制度所处的社会、政治、经济环境进行分析，这样才能在制度发展过程中找到变迁的因果逻辑。具体到对我国现有养老金制度形成原因的分析，必然要把它重新放回到当时的社会历史背景之下进行制度的再现和解构，才可能获得较为合理的解释。

2.2.3.2　强调比较分析

本书的分析基础，是通过把我国"统账结合"养老金模式和其他主要养老金改革模式形成过程的比较分析，来找出中国养老金模式形成的深层原因。而历史制度主义的分析工具之一：比较历史研究方法正好可以为上述目的提供方法论上的支持。例如，彼得·卡钦斯坦、彼得·古勒维奇、彼得·霍尔等历史制度主义者通过比较不同国家应对经济危机的策略，发现不同的历史制度、不同的社会联盟、不同的政商关系都会引发不同的应对策略和不同的经济调整过程，他们所注重的政府、利益集团与市场的关系，以及对这些变量的跨时空比较，形成了比较政治经济学的发展基础②。

比较分析在历史制度主义中具有特殊的意义。一是因为历史制度主义若无比较，则研究目标就会模糊，研究深度也会不够③；二是因为历史制度主义是在国家和社会层面上研究制度变迁，一般是通过案例的比较研究来实施对历史事件进程进行深入细致的分析，并通过归纳法试图在复杂的事物上寻找一定的规律。利伯曼（Lieberman）也指出，历史制度主义的解释力是通过比较制度形成前后阶段、比较制度变迁前后阶段、比较制度经受外部震荡

---

① ［美］保罗·皮尔逊、瑟达·斯克波尔：《当代政治科学中的历史制度主义》，载何俊志、任军锋、朱德米编译：《新制度主义政治学译文精选》，天津人民出版社，2007 年版。
② 朱天飚：《比较政治经济学》，北京大学出版社，2006 年版。
③ 雷艳红：《比较政治学与历史制度主义的渊源》，载《社会科学研究》，2006 年第 1 期。

的前后阶段相比较得到加强①。

正如凯瑟琳·赛琳（Kathleen Thelen）、斯文·史泰默（Sven Steinmo）所述，历史制度主义是方法论对比较政治学者产生吸引力的原因在于，它所提供的比较视角可以更好地理解各个国家社会政策的延续性，以及不同国家社会政策的差异性。由此，借鉴历史制度主义的研究方法，十分有利于对我国独特养老金制度模式形成原因的解释。

2.2.3.3　国家自主性是其核心分析点

国家自主性理论（state autonomy）是随着 20 世纪七八十年代国家中心主义重新复兴，被新制度学派学者中提出来的。斯克波尔是其代表，理论贡献主要在"回归国家"的基础上强调了国家的自主性。简单地说，国家自主性就是不能把国家看作是处于中间角色的协商组织，而是具有追求自己偏好和利益的性质，它能够在一定程度上依照自己的偏好、按照自己的行为方式来贯彻自己的意志②。卡钦斯坦③持有类似观点，他认为，政治生活在所有社会活动中具有独特性，国家不是中立角色，而是一套对团体冲突与结果有塑造作用的复杂制度体系，并且制度有其重大自主作用。

国家自主性理论主要反对行为主义理论对国家和制度的忽略，在对国家制度本身的结构进行研究时发现的，国家作为一个组织体也具有自身的利益属性，其行为具有明显的自我维持和自我保护的特征，如俾斯麦建立社会保险制度的初衷是培养工人阶级的忠诚。斯克波尔认为，强制力是实现国家自主性的前提，但是它的主要根源却是国家自身的特殊利益，即保障自己的统治基础。国家从社会中汲取资源增强自身的实力，但国家权力的增强却不一定维护支配阶级的利益，甚至还会因国家自身利益而威胁到支配阶级的利益。换言之，与其说国家服务于统治阶级的根本利益，不如说国家自身利益与统治阶级利益很大程度上是重合的④。所以说，国家自主性是历史制度主

---

① 朱天飚：《比较政治经济学》，北京大学出版社，2006 年版。

② Skocpol, 1979, *States and social revolutions: A comparative analysis of France, Russia, and China.* Cambridge and New York: Cambridge University Press.

③ Katzenstein, P. (Ed.), 1978, *Between power and plenty: Foreign economic policies of advanced industrial states*, Madison: University of Wisconsin Press.

④ 张勇、杨光斌：《国家自主性理论的发展脉络》，载《教学与研究》，2010 第 5 期。

义分析的一个核心，它对解释国家主导发展型国家在制定社会政策时所发挥的作用有独到的解释力。

因此，国家自主性理论能够为解释"统账结合"养老金制度提供了一个独特的分析视角。在社会政策领域，政策工具从某种程度上说是国家能力的运用和实现。众所周知，我国养老金制度的形成和改革，都是在政府主导下展开的。在这种情况下，国家能力有更广阔的发挥空间，相对的国家自主性程度也就更强，这与西方国家进行养老金改革时各个阶层、利益团体协商参与有所不同，我国这种国家政治体系介入所进行的改革，必然打下强国家主义的烙印，也必然导致实现的路径和选择的模式有所不同。

2.3　历史制度主义的理论阐释

在福利国家发展历史中，不同国家走上不同的福利国家发展道路，这是因为影响各国福利发展的历史前提不同，不同的历史文化背景和社会结构制约了各个国家选择福利发展道路的方式和路径。以上事实虽然为大众所熟知，但这些历史和制度因素是怎样具体影响和制约社会政策发展的？这些经验事实又是怎样被纳入分析框架的？这就需要借助一种理论来阐释。笔者在研究中发现，新近迅速成长起来的历史制度主义，以其中观的视角，把对制度结构的研究和历史过程的分析结合起来，通过对历史过程的回溯来展现制度变迁的清晰脉络。所以在当代社会科学研究中，历史制度主义被认为是当代公共政策领域研究前沿的一个方面，适合于分析再分配的社会政策[1]。既然本书是借助历史制度主义这个理论工具来分析中国"统账结合"养老金模式形成的原因，那么本节的任务就是介绍历史制度主义来龙去脉和理论特征。

---

[1]　何俊志：《结构、历史和行为——历史制度主义对政治科学的重构》，复旦大学出版社，2004 年版。

2.3.1　历史制度主义的起源和发展

斯坦默[①]（Steinmo）认为，柏拉图的《理想国》和亚里士多德的《政治学》是"历史制度主义"最古老的起源。他认为对历史制度主义起源与定位的最佳解释，就是它采取"历史的"与"比较的"分析方式，关注真实世界的经验问题，以此来解释制度结构是怎样影响政治行为和结果的。在旧制度主义时期，托克维尔的《论美国的民主》和马克斯·韦伯的《经济与社会》被公认为是历史制度主义的直接起源。

在历史制度主义的早期研究中，波拉尼的《大转折》、摩尔的《民主和专制的社会起源》、亨廷顿的《变迁社会中的政治秩序》是其代表作品。这些作品都是对当时流行的行为主义、多元主义、现代化理论等低估制度的重要作用而提出的批判[②]。

而在 20 世纪 80 年代前后，随着国家主义理论的兴趣，许多国家主义理论家开始用比较历史的方法，研究国家政府的自主性与能力，并结合传统制度的研究基础，吸收新马克思主义的结构冲突论、结构功能论等结构主义观点，以国家的政治制度与经济结构为研究焦点，比较不同国家在政治体制、社会结构与政策制定之间关系，透过分析国家与社会的互动，寻求对政策结果的差异性与不平等做出更好的解释[③]。这一时期的研究首推卡钦斯坦主编的《在权力和财富之间》，该书通过对美、英、法、德、日、意等国家对外经济政策的比较，在追溯二次大战后国际格局与各国历史背景中，依据各国政治体制中权力结构与社会结构的不同，来解释各国面对石油危机时对外经济政策的差异；其次是斯考切波的《国家与社会革命》。本书利用社会结构的观点和比较历史的方法，对法国、俄国和中国在当时的国际和国内环境以

---

① Steinmo, 2008, "What is Historical Institutionalism?", in Donatella Della Porta and Michael Keating eds. , *Approaches in the Social Sciences*, pp. 150 – 151, Cambridge UK: Cambridge University Press.

② Thelen Kathleen and Sven Steinmo, 1992, "Historical Institutionalism in Comparative Politics," in Sven Steinmo et al. , eds. , Structuring Politics: Historical Institutionalism in Comparative Analysis, New York: Cambridge University Press, pp. 6.

③ Hall Peter A. and Rosemary C. R. Taylor, 1996, "Political Science and the Three New Institutionalisms." *Political Studies* 44, 2: 936 – 957.

及历史条件描述中，分析了革命前夕旧的国家体制如何回应社会环境的改变，来解释革命的发生原因、革命后新制度的建立及其后果。以上二者对历史制度主义的案例比较研究，具有开创性的地位，由此奠定了历史制度主义的基础。

在理论建构上，克拉斯纳① （Krasner）的国家研究功不可没。他强调制度作为自主的行动者，正式与非正式制度安排都将限制或决定人们的自我利益，并特别关注"历史的作用"，主张制度研究应该追溯制度出现的条件，强调现存制度可能是某些历史关键时刻的产物。对于特定历史选择，意味着某些未来选择可能会遭到排除，而某些未来选择则更可能出现。基于以上分析，该文一直被视为对建构"路径依赖"理论有开创性贡献。而他所提出"断续式均衡"演化模式，则奠定了历史制度论中的制度变迁理论基础。

霍尔（Hall）的《管制经济》被公认为是历史制度主义的开山之作，他明确提出制度形塑政策的重要性，其制度分析包含所有历史制度主义分析的基本要件。在书中，豪尔在比较20世纪70~80年代英国与法国的经济政策中，发现了国家干预程度的差异，他指出了制度在历史过程中形塑政策的重要性，并强调要想理解英国、法国的经济政策，必须分析两国的政治与政策发展历史，任何政策都受到早期政策选择所施加的影响

随着研究范围与方法架构日渐成熟，学者开始为历史制度主义进行理论整合。西伦、斯坦因莫和朗斯特雷思（Thelen, Steinmo and Longstreth）等在《建构政治学：比较分析中的历史制度主义》一书中，第一次有系统地整合理论，并将此学派正式定名为历史制度主义，确立研究目的，提出"中层理论"的研究设计和方法，并建构了制度形成与变迁的分析架构。霍尔和泰勒（Hall and Taylor）②、罗斯坦（Rothstein）③ 以及伊玛格特（Immergut）④ 等学者则分别对历史制度主义与其他制度学派在研究假设和方法，

---

① Krasner Stephen D. , 1984, "Approaches to the State: Alternative Conceptions and Historical Dynamics." *Comparative Politics* 16, 2: 223 – 246.

② Hall Peter A. and Rosemary C. R. Taylor, 1996, "Political Science and the Three New Institutionalisms." *Political Studies* 44, 2: 936 – 957.;

③ Rothstein B. , 1996, "Political institutions: A overview", In R. E. Goodin & H – D. Klingemann (Eds.), *A new handbook of political science*, pp. 133 – 166, Oxford, UK: Oxford University Press.

④ Immergut Ellen M. , 1998, "The Theoretical Core of the New Institutionalism." *Politics and Society* 26, 1: 5 – 34.

以及制度的定义、形成、作用和变迁等方面进行比较，确立了历史制度主义成为新制度主义三大学派之一的地位。

保罗·皮尔逊在被视为"路径依赖"研究代表之作的《回报递增、路径依赖和政治学研究》中，把经济学在研究社会过程中发现的"回报递增"之自我强化机制，引入政治学的制度研究，指出政治制度作为制度的一种，因其具有政治生活的集体性、政治制度的密集性、政治权力的非对称性、政治生活的复杂性与不透明性等因素，更易于产生路径依赖的现象，导致政治制度容易产生维持现状的倾向。皮尔逊和斯克波尔在《比较政治科学中的历史制度主义》中指出历史制度主义的研究主题和任务，是关注重大而复杂的政治难题，并阐述了历史比较的研究方法与特征，凸显了时间序列和路径依赖在历史过程中的导向作用。斯坦默在《什么是历史制度主义》一文中，指出历史制度主义强调对真实世界的经验研究，关注历史时序对事件的影响，并指出理念的角色与制度变迁的机制是当前研究的主要方向，他主张研究目的在于给出精确的解释，而非建构精美的理论，或提出完美的预测。

2.3.2　历史制度主义的核心概念

2.3.2.1　路径依赖

历史制度主义强调"时间过程镶嵌于政治游戏规则与政治规范之中"[①]。换言之，就是过去所建立的制度会限制现在的制度选择，使行动者的偏好受制于过去的制度结构，克芮斯纳[②]称这一历史轨迹为"路径依赖"。路径依赖是历史制度主义研究方法所使用的核心概念。保罗·皮尔逊指出，路径依赖的概念有广义和狭义之分[③]：

[①]　Pierson，Paul，1996，"The path to European integration：A historical institutionalism approach"，*Comparative Political Studies*，29（2），123－163.

[②]　Krasner Stephen D.，1984，"Approaches to the State：Alternative Conceptions and Historical Dynamics." *Comparative Politics* 16，2：223－246.

[③]　引自何俊志：《结构、历史和行为——历史制度主义对政治科学的重构》，复旦大学出版社，2004年版。

广义上的路径依赖是指前一阶段所发生的事情会影响到后一阶段出现的一系列事件和结果；狭义上的路径依赖是指"一旦一个国家或地区沿着一条道路发展，那么扭转和退出的成本将非常昂贵。即使在存在着另一种选择的情况下，特定的制度安排所筑起的壁垒也将阻碍着在初始选择时非常容易实现的转换。"简而言之，路径依赖就是指制度的一种自我强化机制，即一旦某种制度被选择之后，制度本身就将会产生出一种自我捍卫和强化的机制，使得扭转和退出这种制度的成本将随着时间的推移而越来越困难。

台湾学者柯志明则形象地把"路径依赖"现象比喻成小钢珠理论[1]：

在小钢珠游戏里，沿着上宽下窄的树枝状路径，逐级而下。每一个选择不仅是放弃了一些可能的替代机会，而且前一个选择所决定的路径往往限定了下一个选择的可能路径。从事一个选择的同时已经排除了其他的选择，也构成了其后选择的限制条件。游戏的结构（环境）并没有给予选择无尽的可能性。但这并没有反过来意味着选择是命定的。在诸多的可能性之间难以抉择时，决定每每是机遇所促成的（当然也不要忘记了加上无知与误解），通常不是毫不犹豫、不会事后后悔的。然而，由于前后事件的路径依赖，这个不可逆转连锁反应并不是个可以渐次修正、自我调整而日趋完善的适应过程。因此，把时钟拨回去，让历史重新再来，结果可能相当不同（同一个游戏但不见得有相同的结果）。

2.3.2.2　关键时刻

关键时刻理论认为，历史在发展演变过程中，会产生各种要素和力量互相作用，一旦条件成熟，总会在某个特定时刻和关节点发生突变式转折[2]。虽然关键时刻对事件的发生和发展很重要，但由于关键时刻常常具有高度的偶发性，不容易进行系统化的分析。所以尽管相关的研究很多，但针对

---

[1]　柯志明：《番头家：清代台湾族群政治与熟番地权》，"中央研究院"社会学研究所，2001 年。
[2]　刘圣中：《历史制度主义－制度变迁的比较历史研究》，上海人民出版社，2010 年版。

"关键时刻"概念本身的理论界定却很不容易。这些难题包括：关键时刻相对于事件发生之前或之后的时间点，其"关键性"应该如何界定？既然是"时刻"，时间该延续多长为合适？

卡莱尔[①]将关键时刻定义为：造成显著改变的时间点，即关键时刻就是行动者在历史的时序中，遭到非预期的偶发事件冲击，而必须对某个特殊方案采取决策的时刻。或者说，这些历史事件的发生无法用理论预测或纯粹是随机产生的[②]。这一决策就是历史的转折点，并且事件一旦形成就会对后续历史事件发生持续的影响。具体地说，就是在关键时刻下的行动者，当面对多种不同的方案时具有不同的选择方式，但是一旦做出决定就无法再回头重新选择其他的方案，也即当可能的后果范围被限定时，或许就是关键时刻的出现之时。

而卡波治和科勒曼（Capoccia & Kelemen）[③] 在《关键时刻研究》一文中进一步做出了具体的界定："关键时刻"是一段相对较短的期间，却未必是指瞬时发生的事件，但其发生的时间段相对于呈现路径依赖的结果阶段应该较短，焦点在于这一"时刻"对于后续发生的事件能发生决定性和持续性的影响。

2.3.2.3　时间序列

历史制度主义主要在历史事件发生的时间序列中，追溯制度的形成，并且事件何时发生，常会影响到事件如何发生。历史脉络对各国政治制度、权力结构的形塑，以及政治结果会产生巨大的影响，同样的事件，在各国会产生不同的影响，这主要取决于该事件在历史事件序列中出现的时机[④]。因此，事件发生的先后顺序很重要，后发生事件的作用很可能被先发生事件的

---

① Collier, Ruth Berins, and David Collier., 1991, "Framework: Critical Junctures and Historical Legacies", in *Shaping the Political Arena: Critical Junctures, the Labor Movement, and Regime Dynamics in Latin America*, pp. 27 – 39, Princeton, NJ: Princeton University Press.

② Mahoney James, 2000, "Path Dependence in Historical Sociology." *Theory and Society* 29, 4: 507 – 548.; David, Paul, 1985, "Clio and the Economics of QWERTY," *American Economic Review*, Vol. 75, pp. 332 – 337.

③ Capoccia Giovanni and Daniel Keleman, 2007, "The Study of Critical Junctures," World Politics, Vol. 59, pp. 341 ~ 369.

④ Pierson Paul, 2000, "Increasing Returns Path Dependence, and the Study of Politics." *The American Political Science Review* 94, 2: 251 – 267.

影响所掩盖，不同的事件顺序，会产生不同的历史路径。

历史制度主义要想从时间序列中分析事件的过程与后果，必须透过对时间序列的解释与分析，来发现制度的初创、发展和变迁等议题的因果关系。为了对此提出合理的解释，斯坦默[①]主张制度分析要追踪历史过程，严肃看待历史，原因包括：一是需要详细说明时间序列，来解释转型原因，以及历史变迁的程度与时间性；二是行动者需要从历史经验中学习，其行为、态度与策略选择均受制于特定社会经济和文化的历史脉络；三是行动者对未来的预期，也受到过去历史经验所塑造。因此，历史制度主义的研究脉络是随着时间的推移去追寻事件的发生顺序，以说明先前的事件如何影响随后事件，从而提出时间序列和制度分析的解释模式。

2.3.3 历史制度主义的理论分析方法

历史制度主义的理论和方法都源自于共同的问题意识，也即探索"大问题"与解答真实世界的难题，所以历史制度主义者建构理论的目标，是透过系统性及脉络性的比较分析和个案研究，归纳出有解释力的制度理论以说明复杂的历史过程，进而解答"大问题"与真实世界的难题。例如，斯克波尔通过比较法、俄、中三国发生社会革命的经验，归纳了三国发生大规模制度崩解与重组时的过程，对这种社会革命发生的理论进而提出了较为合理的解释。

历史制度主义这种解构宏观历史过程的分析方式，决定着它的分析范式主要体现在制度结构和历史过程的分析上面。在结构分析中，历史制度主义既强调政治制度对于公共政策和政治后果的重要影响，也极为重视变量之间的排列方式；在历史过程分析上，历史制度主义注重通过追寻事件发生的历史轨迹来找出过去对现在的重要影响，强调政治生活中路径依赖和制度变迁的特殊性，并试图通过放大历史视角来找出影响事件进程的结构性因果关系

---

① Steinmo, 2008, "What is Historical Institutionalism?", in Donatella Della Porta and Michael Keating eds. , *Approaches in the Social Sciences*, pp. 164 – 165, Cambridge UK：Cambridge University Press.

和历史性因果关系①。

2.3.3.1　制度结构分析

历史制度主义为有效解析历史过程，经常采用中观层次的"制度"作为理论建构的分析主体。制度既能体现宏观层面的文化与权力结构制约因素，又能呈现微观层面上各个行动者之间的互动，这种介于宏观与微观之间理论框架，具有分析上的弹性，因此，结构分析既使历史制度主义具有理论分析上的优势，也自然成为历史制度主义者进行理论建构的主体。正如皮尔逊和斯考切波所言：他们是用宏观背景来分析社会和政治过程中所得以展开的中观和微观层面上的组织和制度构造，并且以追寻这些历时性进程之轨迹的方式来提出解释②。

一方面，历史制度主义在进行结构分析时，往往是通过对相似国家政策差异的考察，来发现原有制度是如何形塑后续制度特征的。换言之，在回答为什么各个国家在面临着共同压力或挑战的情况下，这些不同国家的利益集团会提出迥然异同的要求，从而导致各国制定出了极其差异的公共政策。例如，保罗·皮尔逊在分析同是自由主义国家的英、美两国的养老金政策差异时，强调了预先存在的养老金制度结构所扮演的重要角色。

另一方面，历史制度主义的结构分析非常重视对制度本身的分析，这也是早期历史制度主义者特别重视的一个分析视角。即在既定的政体下，制度既能形塑政治行动者的目标和偏好，又能影响到政治行动者之间权力的分配③。正是这种各国的制度差异，决定了各国政治行动者的不同偏好，也由此决定了各国政策的差异。例如，伊玛格特关于政策分析的"否决点"理论：她强调制度在相互竞争的各个集团间构造权力关系的方式，尤其是对既定制度背景下政治过程和政策制定的集中关注。她通过对法国、瑞士、瑞典健康政策的分析，证明了不同国家的健康政策差异的原因在于，不同的制度

---

① 何俊志：《结构、历史和行为——历史制度主义的分析范式》，载《国外社会科学》，2002年第5期。
② ［美］保罗·皮尔逊、瑟达·斯克波尔：《当代政治科学中的历史制度主义》，载《新制度主义政治学译文精选》，天津人民出版社，2007年版。
③ 何俊志：《结构、历史和行为——历史制度主义对政治科学的重构》，复旦大学出版社，2004年版。

架构为不同国家试图从财政上改变健康政策的竞争性利益集团提供了不同的"否决点"。

2.3.3.2　比较历史分析

历史制度主义多是对已有案例的经验研究，无论是对影响社会重大变迁的社会革命研究，还是对各国养老金政策差异的具体分析，无不建立在对经验事实研究的基础之上。而经验研究大多建立在比较的基础上，比较才是政治学最主要的方法①。只有透过比较分析，研究者才能获得各国的相似性，同时发现各国的独特性或差异性。

而历史制度主义为何要运用比较历史分析的原因，斯克波尔在《国家与社会革命》中已经论述的很清楚②：

> 为了对革命作出概括，为了建立起因果关系的解释，可以运用历史比较分析，在各国历史轨迹中选取一些片段来作为比较的单位。"比较历史"可以一般地用来泛指任何或所有与此有关的研究：即其中有两个或更多的民族国家、制度综合体或文明的历史轨迹并行发展。它的目的是建立、检验和提炼有关民族国家一类的时间或结构整体的宏观单位的因果解释假设。

那么，什么是比较历史研究呢？如果用一句话概括就是在比较案例中通过对历史作用的分析而得出因果关系③。关于比较历史分析的适用性，斯考切波也论述到④：比较历史分析尤其适合用来建立对本身只有少数案例的宏观历史现象的解释。通常的做法是在潜在的原因和要加以解释的既定现象之间建立起有效的联系，包括求同法和求异法。

既然历史制度主义者要在现实世界的经验研究中寻求因果机制，以此提

---

① Peters &Guy, 1999, "*Institutional Theory in Political Science：The 'New Institutionalism'*", London：Pinter.
②④ ［美］瑟达·斯克波尔：《国家与社会革命——对法国、俄国和中国的比较分析》，上海人民出版社，2007 年版。
③ 朱天飚：《比较政治经济学与比较历史研究》，载《国家行政学院学报》，2011 年第 2 期。

高对特定议题的解释和说服能力，则比较历史分析必须要对案例中进行比较，并且要从正面和反面两个方面进行比较，以识别和确证造成政策差异的真正原因。当然，比较历史分析在具有某种共同特征的几个案例之间进行比较时，尤其有效。如艾斯平－安德森在对欧洲福利国家进行比较之后，把它们划分为三个不同类型的福利国家（自由主义、合作主义和社会民主主义），而在探究形塑这些福利国家类型的深层次原因时，则运用了比较历史的分析，他从这些福利国家类型的历史动因入手，分析了各国历史对各自国家福利政策的塑造。因此，他断言①："短期社会政策、改革、争论及决策只能产生在历史的制度化结构之内，而各国的制度化结构在本质上是有很大差异的"。

2.3.4　历史制度主义研究方法及不足

由于历史制度主义从事的是经验事实的研究，又大多集中于宏观事件，例如影响历史变迁的社会革命、战争、国家建立、重大社会政策等等数量有限的案例，有的甚至是独特案例，在这种样本数量的局限之下，历史制度主义者多偏重于定性的研究。进一步说，就是历史制度主义回答的是真实世界的难题，这就需要清晰掌握事例的来龙去脉才能做到。所以，这种关注"为何"的问题意识，的确让以变量分析为中心的定量研究方法很难有用武之地，取而代之的是采用系统化与脉络化的比较方法和结构分析，通过对历史过程的深度考察，来获得最终的研究结论，同时这也是历史制度主义之为历史制度主义的分析策略或研究方法。

相对的，这种研究方法也招致了对历史制度主义最大的批评：缺少量化分析难以被否证，以至于理论建构不足；过度依赖历史背景来解释变迁，而且事后的解释近似"套套逻辑"，同时缺乏预测能力②；经验性案例研究过于偏重复杂性和特殊性，难以提出普遍的因果关系，经常被批评为"不具

---

① ［丹麦］艾斯平－安德森：《福利资本主义三个世界》，法律出版社，2003 年版。
② Peters & Guy, 1999, "*Institutional Theory in Political Science：The 'New Institutionalism'*", London：Pinter.

有普遍性"、"不能提供有效的概括性"①。此外，也有学者提出历史制度主义理论本身还有很大发展空间，豪尔和泰勒②、彼得斯③认为历史制度主义在制度和行为者的互动关系上，可以解释得更清晰，尤其是行动者在制度中的作用，以及主要行动者是如何影响制度形成和变迁的。另外，在制度起源和变迁的解释上，历史制度主义的解释有待进一步补充。针对上述问题，这些学者建议历史制度主义应该与理性选择制度主义和社会学制度主义相互学习和交流，而不是彼此分离。

---

① Aspinwall&Schneider, 2000, Institutional Research on the European Union： mapping the field, "*The Rules of Integration： The Institutionalist Approach to European Studies*", Manchester： Manchester University Press, pp1 – 18.

② Hall, Peter A. and Rosemary C. R. Taylor, 1996, "Political Science and the Three New Institutionalisms." *Political Studies* 44, 2： 936 – 957.

③ Peters &Guy, 1999, "*Institutional Theory in Political Science： The 'New Institutionalism'*", London： Pinter.

第 3 章

转型国家养老金改革的
历史制度主义分析
——以智利、波兰为例

随着世界各国人口老龄化趋势的加剧，养老金支出日益膨胀，导致养老基金的财务收支平衡难以维系。自 20 世纪 80 年代以来，在世界范围内掀起了一波养老金改革的浪潮，他们无不把养老金改革视为社会保障制度发展中最重要的议题，包括 OECD 等发达资本主义福利国家、发展中的拉丁美洲国家、经济转型的中东欧原社会主义国家，以及地处东亚的中国，都纷纷对各自的养老金制度进行改革。

改革的初衷，尽管都是实现养老保障基金财务的长期平衡，缓解养老基金支出的压力，但是经过观察，各国实现此目标的途径，即改革方式，或者说是所选择的制度模式却是大相径庭。总结起来，根据地域特色和经济发展程度，可以大致划分三种类型的改革模式：参数式改革、结构式改革和混合式改革。实行参数式改革的国家，多是 OECD 等成熟福利国家，这些国家主要是通过调整待遇计发公式（办法）、严格退休条件、提高退休年龄等方式，以维持养老基金的长期财务平衡，以及促进职业养老金、鼓励私人养老金的发展，用以缓解公共养老金的压力[1]；而发展中的拉丁美洲国家，则采

---

[1] ISSA. , 1995, *Development and Trends in Social Security throughout the World*, 1993 – 1995. Geneva: International Social Security Association; Feldstein, M. , & Siebert, H. , 2002, *Social Security Pension Reform in Europe*, Chicago: The Chicago University Press.

用激进的结构式改革，他们多采用建立"新制度"以取代"旧制度"，把原来由公共机构管理的国家养老金转变为由私人基金公司管理的个人养老金；在中东欧等原社会主义转型国家，多采用混合模式进行改革，即把养老金待遇结构由原来的待遇确定型（DB）转换为缴费确定型（DC），同时保留了原有的非积累制特征，这种兼具新、旧制度特性的改革模式是一种典型的"折中"式改革。

那么，是什么原因导致了这种改革初衷相同，而改革的过程和结果却大为不同？又是什么原因影响和限制了各个国家养老金改革的模式选择？而这些因素又是怎样影响和左右制度选择的？这些都是本章需要探寻的议题。其实，探寻这些制度变迁背后的深层次原因，是为了有助于比较分析我国"统账结合"养老金模式形成的原因。为了做到这一点，就需要选择几个有代表性的案例国家进行比较说明。本书选取的是和我国养老金改革有共同转轨背景的两个国家：施行"激进"式结构改革的智利和"折中"式混合改革的波兰。

之所以选择以上两个案例国家，是因为他们既是各自改革模式的典型代表，又有利于与中国的养老金进行比较分析：众所周知，智利在世界上首创私人养老金模式之后，不仅促进了本国的经济发展，同时也为其他国家所效仿，我国也在选择改革模式时对其进行过考察和借鉴，对我国选择部分积累式"统账结合"养老金模式有重大影响；而波兰的改革背景虽然和中国基本相同，但改革路径和结果却相去甚远，所以对其进行研究分析，更有助于探究中国的改革进程。

3.1 智利的私有化改革

在世界社会保障领域，1981 年智利进行的养老金私有化改革绝对可以称得上是标志性的历史事件。作为世界上养老金私有化的先驱，它将原本有政府负责的公共养老金转化为个人负责的私人养老金，这一被称为"智利模式"的养老金制度经过十几年的发展，因其不仅减轻了原有公共养老金的债务，而且促进了国内资本市场的发展，迅速引起了世界各国的关注，也纷纷为其他后发展国家所效仿，尤其在拉丁美洲，到 1998 年 3 月为止，已有十三个西班牙语系的国家，仿照"智利模式"将年金保险民营化，并且 1996 年 5 月成立了"年金管理国际联盟"①。在我国也是一样，从某种意义上说，它与新加坡中央公积金模式一道，直接影响了我国部分积累式"统账结合"养老金模式的构建。正如郑功成对这一模式的评述②："毫无疑问，智利模式是对传统社会养老保险制度的一种创新，无论其在未来时期的成败如何，都应当是智利对社会保障制度尤其是养老保险制度改革、发展的一大贡献。"

3.1.1　智利新、旧养老金制度架构

智利的养老金制度始于 19 世纪末期为军人和公职人员建立的养老保险制度。1918 年通过了一个年金法案，建立了适用于铁路工人的年金制度。1924 年，引进了社会保险模式，建立了拉美地区第一个由政府资助的养老金制度。到 1952 年，仿照欧洲国家，建立了依据身份和职业区别的养老金制度，也就是旧制度的主体，直到 1981 年进行私有化改革。

3.1.1.1　旧制度的特征

旧制度的一大特征就是部门、行业间的条块分割现象非常严重。旧制度的保障对象根据不同身份和职业而有所区别，分为工资所得者、薪资受雇者及公务员三类，然后再依据职业区分为三十多种年金制度，是一种典型的多元化社会保险制度③。不同的行业有不同的保险项目，到 1979 年智利共有 30 多家独立的社会保险管理机构，管理着上百种不同的养老金计划。这种职业、行业分割的养老金制度，明显缺乏再分配效果，不公平现象十分严重。

旧制度是一种公办公营的养老金制度，筹资方式采取的是现收现付制，

①③　陈听安：《国民年金制度》，三民书局，2003 年版。
②　郑功成：《智利模式–养老金改革私有化述评》，载《经济学动态》，2001 年第 2 期。

保险费用由雇主和职工共同承担。但是制度早期并不是单纯的现收现付制，养老基金结余部分建立了"集合资本化基金"，只是由于后来基金管理效益很差以及给付支出的迅速上升等原因，制度运转逐步陷入财政困难，从1952 年开始不得不转变到现收现付制上来①。

旧制度的另一个特征是年金给付没有与物价指数挂钩，通货膨胀使得实际给付逐年下降，从 1962 年到 1982 年，职工所得年金实质上减少了 41%②。

3.1.1.2 新制度的架构

新制度的基本特征是抛弃了现收现付制，采取了基金完全积累制。它为每位参保人设立一个养老基金个人账户，交给"养老基金管理公司"（AFPs）管理，规定 AFPs 资产和养老基金资产要严格区分。政府为管理 AFPs，还特别成立了"智利养老基金监督管理局"（SAFP）。

新制度下雇主无须缴费，雇员必须缴纳 10% 的保险费，作为自己的养老保险基金存入个人专门账户，用于完全积累，退休后领取扣除管理费用之后的积累额和投资收益额总和。可见退休金的多寡，取决于工作期间的积累和投资收益。需要说明的是，在新制度实施之初，政府要求雇主提高 18% 的工人薪资，作为对工人的补偿。AFPs 要将工人的养老基金投资收益全部归入个人账户，如果个人不满意 AFPs 投资结果，可以申请自由转换 AFPs，但是每年只能转换 4 次。

退休待遇的给付方式包括两种：一是用自己积累的基金，继续购买保险公司的年金产品；二是选择一种方案有计划的领取退休基金，在这种方式下，基金余额可以继承，而不足则可以领取最低养老金。

3.1.1.3 政府在新制度下的角色

虽然智利的新制度是个人积累和私人管理，但这并不意味着政府可以袖手旁观。政府的主要作用：一是对 AFPs 的运营进行监管，并且规定 AFPs

---

① 郑秉文、房连泉：《社保改革"智利模式"25 年的发展历程回眸》，载《社会保障研究》（北京），2006 年第 2 期。
② 陈听安：《国民年金制度》，三民书局，2003 年版。

要达到一定的投资回报率，如果无法实现，就需要用 AFPs 的准备金来补偿，如果准备金用完仍然不能补偿，AFPs 就将被迫破产，一旦 AFPs 破产，政府有责任保证参保人应得的收益；二是对养老基金积累额没有达到最低养老金标准者，补贴差额，以确保低收入的参保者能够获得最低养老金。最低养老金随物价上涨而调整，使之达到平均工资的 25% 或最低工资的 75%[①]。

3.1.2　智利私有化改革的原因和过程

智利"旧"的养老金制度运营到 20 世纪 50 年代，危机现象已初露端倪。为此，皮诺切特政府之前的三届政府都成立过专门委员会，试图推进这种分裂且不平等养老金制度的改革，但均夭折于利益集团的反对，直到皮诺切特军政府上台，伴随着新自由主义经济政策的实施，智利的养老金改革才真正开始。

3.1.2.1　改革背景

智利养老金私有化改革的一个深刻背景是新自由主义经济政策的实施。新自由主义的政策主张是："市场经济、自由企业和私人所有"。智利实行新自由主义经济政策的国际背景是 20 世纪 70 年代新自由主义思潮的兴起，而国内背景则有更为深厚的历史渊源：

在 20 世纪 30 年代，美国成功取代英国成为智利国际资本的主导来源之后，美国资本开始大肆掠夺智利采矿业，这种行径不仅使智利国内资本利益受到影响，也激起了民众的普遍不满。以 30 年代世界性经济危机为契机，智利连同其他拉美国家一道，采取了结构主义经济学的主张，在经济政策上采取"国有化运动"，致力于收回被国外资本长期控制的工矿企业，以加强国家对国民经济的控制。1964 年智利政府推行的"铜矿国有化"运动，更是这一经济政策的具体体现，它通过购买的方式收回由美国资本控制的铜矿。而 1970 年，阿连德当选总统后对这一政策的实施更是变本加厉，采取

---

① 陈听安：《国民年金制度》，三民书局，2003 年版。

了更为激进的、几乎是直接没收的方式收回铜矿所有权。这种"有损"美国经济利益的国家主义经济政策引起了美国的警惕和反击。美国一方面暗中在智利国内培植反对阿连德政权的反对势力，另一方面利用其对世界银行、美洲开发银行等国际组织的影响力，削减对智利的经济援助，以及打压国际铜价，借以打击智利经济发展。与此同时，实施"芝加哥弟子"计划，培养亲美的自由派知识分子，以控制智利的意识形态。终于，1973 年皮诺切特军政府的上台，为新自由主义经济改革铺平了道路，同时也为养老金私有化改革创造了成熟而充足的条件。

3.1.2.2　改革动因

智利养老金私有化的改革主要是由于"旧"制度的缺陷而起。"旧"制度的一个最明显的缺陷是由项目分割所引起的待遇极度不公平。在旧制度下，不同项目的养老金在受益资格和待遇给付标准上也极为不同，这与智利独特的政治、经济和社会条件有关，由于智利种族构成复杂，社会等级分化明显，历届政府总会取悦上层阶级而为他们建立新的保障项目，因此优势社会集团总能够获得优厚的退休待遇，反之弱势群体获取的待遇就很微薄。以领取退休待遇的年限为例，在传统制度下，议员的退休条件是 15 年，银行雇员是 24 年，公共部门雇员是 30 年，私营部门雇员为 35 年，而体力劳动者必须要达到 65 岁才能退休[①]。

私有化改革的另一个动因是财务的巨额赤字。旧制度起初实行的是基金积累制的财务模式，可是随着通货膨胀的影响，不得不将财务模式改为现收现付制，但是由于人口寿命的延长而使财务负担与日俱增，加之经济的萧条使得许多人不愿意参保，更使财务负担雪上加霜。在 1975～1980 年之间，大约平均 40% 的退休资金来自政府补贴。

低下的行政管理效率是引起私有化改革的另一个关键因素。尽管当时的监管机构很多，但是处于分散状态且缺乏系统性，政出多门往往导致官僚主义盛行，这又必然带来管理成本的高涨，更加剧了财务平衡的负担，使得公

---

① 　郑秉文、房连泉：《社保改革"智利模式"25 年的发展历程回眸》，载《社会保障研究》（北京），2006 年第 2 期。

共养老基金难以维持下去。

3.1.2.3 改革过程

智利的养老金私有化改革可以追溯到 1965 年，当时的阿莱桑德里（Alessandri）总统曾成立过一个社会保障改革委员会，就当时养老金制度存在的问题进行系统而深入的分析，但改革决议在提交国会时没有获得通过，而后的一连串改革建议也因政变不断而被迫搁置。经过 1973 年的流血政变，皮诺切特将军的上台执政结束了民主政治，新政府的独裁统治开始了新自由主义经济改革。皮诺切特执政后即开始对社会保障制度进行的改革，包括扩大覆盖范围、提高行政管理效率、退休待遇和物价指数挂钩、缩小不公平的待遇等，但改革实效并不明显。

直到 1980 年，任命经济学家何塞·皮涅拉（Jose Pinera）为首席专家，他所领军的改革方案彻底改变了旧制度下公营公办养老金的本质，全面引入市场机制进行养老金体系的运作。1980 年 11 月 4 日，智利政府以 3500 号法令（Decree Law 3500）的形式颁布了《养老金制度改革法》，1981 年 5 月开始实施。新法案规定除军人以外，所有工人均应参加养老金制度，但老工人可以自由选择留在旧制度还是进入新制度，1983 以后新参保工人必须参加新制度。同时废除了现收现付制财务模式，引入了基金积累式的个人账户制财务模式，且在缴费上免除了雇主的财务责任，这些规定使智利的养老金变成了彻底的"强制性私人保险制度"。

3.1.3 智利私有化改革成功的原因分析

智利的养老金私有化改革是对养老保险财务模式的一个创新，在没有任何先前经验可供借鉴，且在违背社会保险互助共济原则的情况之下，进行了一次彻底的、激进的养老金范式革命，为世界范围内养老金财务困境开辟了一条新的改革道路，在运行之后即为许多国家所效仿，甚至在 30 多年后的今天，学界依然热情不减地讨论、研究、借鉴智利的这一次改革。那么，它改革成功的原因究竟为何呢？

3.1.3.1 分散的传统制度无法形成有效的反对力量

历史制度主义的一个核心观点是制度会塑造行动者即利益集团，而行动者是决定制度变革或新制度模式选择的关键变量。智利传统养老金制度过于分割的特点，很难形成强大的利益集团，加之拉美国家传统上缺乏统一的工会组织，从而使得智利的工人很难形成强大的压力集团来影响养老金的改革。

智利养老金制度本身也存在巨大问题。首先，缺乏统一机制的养老金制度的覆盖率一直很低，智利养老金覆盖率在 1974 年达到峰值79%[1]以后，由于逃缴费增多、失业率上升等原因，参保率开始逐年下降，到1980 年改革前仅为64%[2]；其次，不公平的养老金体系也是传统制度的致命伤。这里引用郑秉文教授的研究数据，1965 年智利体力劳动参保者占全部参保人口的70%，且平均缴费水平比公共部门雇员高 1 倍，仅比私营部门雇员低10%，但他们实际领到的退休金却只有公共部门职员的1/4，私营部门雇员的一半左右[3]。这种覆盖面窄且不公平的制度必定激起劳动者的"人心思变"。

3.1.3.2 独特的政治背景

在考察智利养老保险私有化改革时，不能忽视其独特的政治和社会条件。事实上，在 20 世纪 80 年代实施私有化改革之前的二三十年之间，历届政府也都进行过养老金改革的尝试，但均因各种反对力量的阻碍而失败。但1973 年皮诺切特军政府上台后，在政治上实行高压和独裁统治，并关闭议会，取消政党，中止工会的活动，强行解散和摧毁原有的政治组织，打破以往的政治格局[4]。在这种情况下，政府可以大胆地实施改革政策，而无须和议会协商。当时的政府在新自由主义思想的主导下，充分发挥市场的力量，

---

① 郑军、张海川：《智利养老保险制度早期发展脉络的政治经济学分析》，载《拉丁美洲研究》，2010 年第 6 期。

② 转引自：郑秉文、房连泉：《社保改革"智利模式"25 年的发展历程回眸》，载《社会保障研究》（北京），2006 年第 2 期。

③ 郑秉文、房连泉：《社保改革"智利模式"25 年的发展历程回眸》，载《社会保障研究》（北京），2006 年第 2 期。

④ 刘纪新：《拉美国家养老金制度改革研究》，中国劳动社会保障出版社，2004 年版。

把许多政府职能转移到私营部门，在实施了一系列改革措施之后，解除了私有化改革的阻力，也为养老金的私有化改革创造了有利条件。在这种各种反对力量均被压制之下，智利的养老金改革才得以顺利实施。

另外，智利当时相对稳定的社会条件也是改革成功的关键因素。在皮诺切特军政府上台到 1981 年养老金改革法案的实施，智利已经过了七八年的高压统治，新政权在政治上已经站稳脚跟，政局也比较稳定。通过长时间的私有化改革，私有化的意识已经深入人心，人们容忍改革的程度也已大为改观，加之改革的措施是以渐进方式进行的，使人们对改革的未来有一个比较稳定的预期，反对力量就自然地变得很小。

3.1.3.3　新自由主义意识形态的传播

众所周知，"新自由主义"开始盛行于西方发达国家经济陷入滞胀的 20世纪 70 年代。它与"凯恩斯主义"主张国家干预经济的思想正好相反：反对国家干预经济生活，推崇竞争原则，主张自由市场经济，实行国有企业私有化，开放国内市场，引进外资参与竞争。在社会保障政策上，反对国家全面负责社会保障的做法，只需向有需要的人群提供最低限度的保障，认为市场才是解决社会保障问题的最佳途径，并且强调自我保障意识和家庭保障责任。在这种意识形态的影响下，西方国家纷纷开始了向"右"转的养老金改革。作为拉美国家新自由主义经济改革的先行者，智利在这种自由主义经济发展模式影响下，进行激进的私有化改革一点都不足为奇。

在智利国内，由于历史的原因，美国为了能够继续在智利显示足够的影响，从 20 世纪 50 年代中期开始，就处心积虑地实施"芝加哥子弟"计划。芝加哥大学是自由主义经济学派的大本营，俗称"芝加哥学派"。美国人认为，如果芝加哥学派的经济学家能给智利大众以"启蒙"，扭转他们对"外贸和外国投资"的错误认识，将会更符合美国的利益[①]。所以，他们从 1955年开始和智利天主教大学合作，派遣经济学家到天主教大学，帮助他们修改教学大纲，并选拔年轻才俊到芝加哥大学学习、进修，这些学者学成回到国

---

① 郑军、张海川：《智利养老保险制度早期发展脉络的政治经济学分析》，载《拉丁美洲研究》，2010 年第 6 期。

内之后，积极传播新自由主义的经济主张，并提出许多改革设想。当皮诺切特 1973 年上台推行新自由主义经济改革时，这些"芝加哥子弟"开始大显身手，纷纷被任命担任政府部门要职，参与或主持经济政策的制定，包括智利养老金私有化改革的总设计师何塞·皮涅拉也是芝加哥大学毕业的经济学家。

3.1.3.4　自由市场经济模式的影响

经济决定论的观点认为社会发展只是经济发展的自然结果。以此而论，经济政策就是一切社会政策的基础，这一点在后发展国家尤其明显。如果根据这个逻辑，智利自由市场经济模式的确立是养老金私有化必不可少的条件。因为它不仅为私有化的改革提供了理论上的指导，也为私有化的实施提供了具体的经济条件：一是稳定的宏观经济环境所创造的金融和资本市场，为养老保险基金的投资提供了稳定的收益；二是自由市场机制的推行，为养老保险基金的市场化运作提供了有益经验和安全运作环境；三是改革之前的财政盈余，为解决转制成本问题奠定了财政基础。

3.2　波兰的多支柱改革

多支柱养老模式是世界银行在 1994 年出版的年度报告《防止老龄危机》中提出来的，目的是以分散风险的方式防止人口老龄化带来的养老基金危机。在其大力推广和宣传下，各国开始接受多支柱理论指导之下的养老金模式，其中尤以急于寻找养老金变革之路的转型国家最为迫切，一个明显的事实是，中东欧转型国家在短短的几年时间里多或多或少地引入了多支柱养老金模式。而作为中东欧原社会主义国家转型的"优等生"，波兰不仅因其政治、经济和社会方面的转型成功备受世人关注，而且在养老金制度改革方面，也因其选择世界银行推崇的多支柱养老模式，尤其是选择具有创新意义的"名义账户制"作为养老金制度的主体，在很短的时间内顺利实现了养老金制度的成功转型，从而引起了各国政府和社会保障学界的极大兴趣。

3.2.1　波兰多支柱改革前、后的制度架构

波兰的养老金改革事实上从 1989 年国家体制转轨之后就已经开始，比如 1991 年养老金计算公式的调整以及对提前退休和领取特殊津贴的限制，1993 年施行的养老金指数化调整等改良措施，试图以此来防止养老支出的持续增加。但由于这些小修小补的措施不能从根本上解决经济体制转轨带来的养老财务危机，直到经过激励的斗争，在 1997 年出台养老金改革的三个相关法案之后，波兰的改革过程才算完成，并且规定新制度在 1999 年 1 月 1 日实施。因为波兰是先进行政治经济转轨，而后带动的养老金改革，改革期间大约持续 10 年左右，所以本书下面论述的改革前的制度是指 1990 年以前，改革后的制度是指 1999 年以后，中间十年将在改革过程中论述。

3.2.1.1　改革前的制度

波兰的养老金制度可以追溯到 19 世纪末期，同其他国家一样只是为公务人员和特殊行业的白领工人建立的制度。现代意义上的养老金体系建立于 1933 年，是参照德国模式建立的现收现付式的社会保险型养老金体系，其养老金体系分为白领工人职业体系和蓝领工人职业体系，其主要区分是待遇水平的差异。

大体而言，从社会主义国家建立到 1989 年之前，波兰的养老金制度是仿照原苏联模式建造的国家保障式制度，在这个时期，波兰的养老金制度是典型的现收现付式制度。它是由雇主单方面缴费，所缴资金全部统一划入国家养老金专用账户，用于当期发放。由于当时的工人多服务于国有企业，所以养老金覆盖率很高。到 20 世纪 70 年代晚期，几乎全部就业人口都涵盖在养老金体系中，由于实行计划体制，养老金待遇和就业工资关联性不大，多数工人的退休待遇等于是均一支付，并且没有正常的调整机制，这在计划体制下对于工人待遇没有实质性的影响，但是随着计划经济体制的解体，这种多年不变的养老待遇的购买力急剧下降，成为未来养老金制度必须改革的一个原因。

需要特别指出的是，波兰的养老金制度在计划经济体制建立之初就引入了特殊津贴部分。随着特权阶层的不断出现，这个体系需要不断增加新的特殊津贴，主要享受人群主要是矿工、教师、警察、铁路工人等，提前退休是实现特权的主要方式，例如，1983 年颁布了一份涵盖数百种职业的有权享受特殊津贴的职业目录，这十分类似于智利在私有化改革前的"特权大众化"现象。这类能够直接导致的养老金支出的持续增加的特殊规定也是未来改革的一个主因。

3.2.1.2 改革后的制度

波兰新的养老金制度属于多支柱养老金体制，主要变革是把过去的现收现付式的待遇确定制改为现在的部分积累式的缴费确定制，即把过去基于税收的俾斯麦式养老金改为基于三个个人账户的新制度。具体而言，它由三部分（支柱）组成（制度架构见图 3 - 1）。

	强制参保		自愿缴费
完全积累			第三支柱（自愿养老金）
		第二支柱（补充养老金），缴费率为7.3%	
现收现付	第一支柱（基本养老金），缴费率为12.22%		

图 3 - 1　新制度的基本架构

第一支柱的基本养老金，即名义账户养老金。名义账户制实质上是介于传统的 DB 现收现付制与 DC 基金积累制之间的一种混合模式①，换言之，在融资方面采取现收现付式 DB 制度，但在待遇给付上却采用积累式的 DC 制度。它的目的是为加强退休待遇和个人工资期间的缴费联系，为每一个进入制度的人建立一个个人账户，但这个账户不实行实账积累，只作为个人终生缴费的记录。个人所缴费用是根据名义利率进行增值，这个名义利率只与

---

① 郑秉文、房连泉：《社保改革"智利模式"25 年的发展历程回眸》，载《社会保障研究》（北京），2006 年第 2 期。

经济增长率或社会平均工资增长率挂钩，而不是在金融市场上投资所获得的实际收益率。当参保人退休时，再根据个人账户积累额及其记账利息和群年龄组的预期寿命来确定退休养老待遇①。因其不具有实际积累性，这一制度被称为"名义账户"制。它实行的是强制性缴费，加上第二支柱总费率为19.52%（其中12.22%进入第一支柱，其余的7.3%进入第二支柱），雇主和雇员分别分担50%，由其管理机构社会保险管理局（ZUS）统一征收，然后再分配到各个基金。

第二支柱的补充养老金，即强制性完全积累型个人账户养老金。波兰法律规定，为每一个有缴费义务的个人建立一个实际积累的个人账户（FDC），缴纳资金以完全积累的方式进行储蓄，再由专业基金公司进行运营，主要是市场投资，增值收益全部计入个人账户。第二支柱的完全积累型个人账户，重点是储蓄而不是再分配，主要是加强未来的收益和就业期间的缴费联系，以减少逃税和鼓励劳动就业。个人可以根据养老基金公司的市场表现自由选择基金公司，一旦养老基金公司出现亏损，先由社会保险管理机构进行垫付，如果再有困难，则由财政预算来弥补，这意味着政府也负有最后的兜底责任。

第三支柱的自愿养老金，即个人自愿型养老金。是为提高养老保障待遇，为50岁以上或收入较高的人设计的一种保险计划，属于自愿参加而不强制执行，但政府为鼓励参保，对个人所缴费用实行免税，参保者在退休时可以得到额外的免税退休基金。

针对以上制度设计，波兰法律规定在1999年1月1日新制度开始实施时，50岁以上的人留在旧制度，30~50岁的人可以自由选择是否加入第二支柱，只有30岁以下的人才强制要求进入新制度，同时参加第一、第二支柱。新制度的财务模式见图3-1。

3.2.2　多支柱改革的原因和过程

事实上，波兰在进行多支柱改革之前，曾尝试采用西欧的改革策略，欲

---

①　杨建海：《从"名义上"的个人账户到名义账户——中国个人账户养老金改革的一种思路》，载《兰州学刊》，2012年第9期。

以提高退休年龄和降低待遇支付的方式来解决养老金问题，但大多因为民众的强烈反对而被迫放弃，有的甚至被反对者诉诸宪法法庭，使改革计划无法实行。但是随着政治经济形势的变化，尤其是养老金财务状况的持续恶化，使得政府和民众逐步达成共识，采取了相对"激进"的多支柱改革。

3.2.2.1　改革背景

波兰养老金改革的大背景是 1989 年柏林墙倒塌以后，中东欧原社会主义国家所经历的政治、经济和社会的剧烈变革。这些国家的剧变在政治上表现为民主化，由原来的威权统治国家转变为政治民主国家；在经济上表现为由原来的计划经济管理体制转变为以市场调节为主的管理体制；在社会上表现为各种社会组织、利益团体如雨后春笋般地迅速涌现，并积极参与当时的政治经济改革；另外的表现还有意识形态的自由化和政治决策的国家化，这两个方面的表现主要是受"华盛顿共识[①]"的影响，在经济决策上倾向于以自由化的激进方式进行，而意识形态无形中受这种奉自由市场为圭臬思想的深刻影响，所以在决策上倾向于自由化。

由于政治的转型和经济的转轨的影响，在 20 世纪 80 年代后期和 90 年代初期，中东欧国家都相继出现了经济滑坡的现象，东欧各国 90 年代中期的国内生产总值仅相当于 1989 年的 70% ~80%[②]，而在 1989 年到 1997 年间，西欧国家的 GDP 增长率为 15.8%，同一时期的东欧转型国家则为 -33.2%[③]。此外，由于国有企业的改革，工作机会减少，失业率急剧飙升，许多大型企业的工人转到中小型私人企业工作或变成自雇者，给国家税收造成了极大困难。同时导致劳动工资的大幅下降，到 1995 年东欧转型国家的平均工资

---

①　注释："华盛顿共识"形成于 20 世纪 80 年代末期和 90 年代初期，是由世界银行、国际货币基金组织、美国财政部和部分美国经济学家组成的专家智囊团，为当时拉美国家克服财政危机和经济发展模式而提出的观点和设想。因为这些机构多位于华盛顿，所以被称为"华盛顿共识"。他们的基本主张包括：经济自由化、产权私有化和管理市场化，最终实现国家稳定化和法制化。其中最突出的特征是，建议客户国选择自由市场经济模式，经济改革上采用"休克疗法"，强调经济自由化和私有化的速度。

②　Horstmann S., & W. S., 2002, "Economic, Demographic and institutional background", In W. Schmahl & S. Horstmann（eds.）, *Transformation of Pension Systems in Central and Eastern Europe*（pp. 25 – 41）. Cheltenham：Edward Elgar.

③　Augusztinovics, M., 1999, "Pension Systems Reforms in the Transition Economics", *Economic Survey of Europe*, Vol. 3, pp. 89 – 102.

仅相当于 1989 年的 57.7%[①]。以上这些宏观经济的变化给整个养老金体系造成了严重冲击。

经济的衰退和就业的减少，导致国家税收的直接减少，劳动工资的降低又引致接近退休年龄的工人想方设法提前退休，而国家为应对高失业率的情况，也有意放宽提前退休的条件，使得平均退休年龄大幅下降。中东欧国家男女退休年龄在 20 世纪 50 年代时分别是 67.6 岁和 62.5 岁，到 90 年代时则下降到 60.9 岁和 57.6 岁，而同时期 OECD 国家则为 62.2 岁和 60 岁[②]。这对养老金的财务平衡造成了极其不利的影响。

在经济衰退、劳动力外流和提前退休的影响之下，中东欧国家的养老金支出负担大增。在波兰，养老金的支出占 GDP 的比重从 1989 年的 7% 上升到 1996 年的 15%[③]。在这种大的背景之下，中东欧国家在 20 世纪 90 年代中期不得不进行养老金制度的改革。

3.2.2.2　改革动因

新上台的波兰联合政府为适应经济形势的变化，于 1989 年提出激进的"休克疗法"经济改革方案，一个直接的后果是私有化的广泛推行所导致失业人口的增多，从表 3 - 1 能明显地看出这一时期制度抚养比的变化情况：退休人数大量增加，而缴费人数持续减少。其中一个重要推动力量是波兰政府为减少改革过程中社会的动荡，鼓励临近退休的工人提前退休，这一举措使当时的退休年龄下降到 57 岁，直接导致了退休人员的急剧飙升，我国在当年国有企业改革攻坚阶段也出现过类似的情况。这样一增一减的政策措施使波兰的养老基金严重失衡，为应对这种危机，波兰政府只有提高缴费率，费率水平从 1981 年 15.5% 一路飙升到 1992 年的 43%[④]。缴费率的提升必

①　Augusztinovics, M., 1999, "Pension Systems Reforms in the Transition Economics", *Economic Survey of Europe*, Vol. 3, pp. 89 - 102.

②　Fultz, E., & Ruck, M., 2001, "Pension Reform in Central and Eastern Europe: Emerging Issues and Patterns", *International Labor Review*, Vol. 140, No. 1, pp19 - 43.

③　Horstmann S., & W. S., 2002, "Economic, Demographic and institutional background", In W. Schmahl & S. Horstmann (eds.), *Transformation of Pension Systems in Central and Eastern Europe* (pp. 25 - 41). Cheltenham: Edward Elgar.

④　Marek Góra, 2003, "The New Polish Pension System: An Example of a Non-orthodox Approach to Pension Reform", PIE Discussion Paper Series No. 168, The Institute of Economic Research, Hitotsubashi University, Tokyo, JAPAN.

然导致企业生产成本的上涨，又无形中增加了企业逃避缴费的动机，这样就形成了一种养老金失衡的恶性循环，使得这一问题根本无法在原有制度内解决。

项目	1989 年	1990 年	1991 年	1992 年	1993 年	1994 年
正规就业人数	12.6	11.2	10.2	9.6	9.3	—
失业人数	0①	1.1	2.2	2.5	2.9	2.8
缴费人数	14.7	14.1	13.6	13.3	12.7	12.6
退休人数	6.8	7.1	7.9	8.5	8.7	8.9

表 3 - 1　　　　　　波兰养老金制度人口分布（1989～1994 年）　　　　单位：百万人

资料来源：Alain de Crombrugghe（1997）：Wage and Pension Pressure on the Polish Budget.

此外，波兰养老金制度还存在高替代率和高再分配率的特点，到 90 年代波兰的平均替代率达到 70%～80%②，再分配率也高达 24%③，高替代率使工人失去储蓄的动力，而高再分配率则削弱了工人的劳动积极性。这种情况使得波兰养老金开支占 GDP 的比率在 1995 年已超过了 15%，而其他人均工资同波兰相当的国家的养老金开支通常不超过 GDP 的 8%④。即便如此，波兰养老金体系仍入不敷出，波兰政府为维持体系的稳定，每年需要从国家预算中划拨资金注入养老资产。从 1991 年到 1996 年，从国家预算中拨入的资金超过 GDP 的 3%⑤。这种严峻的现实，迫使波兰的养老金制度必须改革。

3.2.2.3　改革过程

自 1989 年以来，波兰关于养老金改革的讨论就存在很大分歧，其主要

---

① 注释：由于在计划经济体制下不存在失业的概念，故此处的数据为 0，但是为 0 不代表没有失业的现象，仅是没有相关的统计数据而已。

②⑤ Stanislaw Gomulka, 2000, "Pension Problems and Reforms in the Czech Republic, Hungary, Poland and Romania", Centre for Economic Performance, London School of Economics and Political Science.

③④ 郑秉文、陆渝梅：《名义账户制——波兰社会保障改革的有益尝试》，载《俄罗斯中亚东欧研究》，2005 年第 3 期。

争论点集中在是否保留现收现付的制度上，所提的改革方案可以归为两派：在改革模式的选择上，由财政部和一些自由经济学家组成的改革派，主张效法智利的私有化模式，认为对制度的小修小补根本无济于事；由劳工部和一些社会保障专家组成的合理主义派，反对现有模式的激进改革，认为在保留现有体系的基础上进行合理调整即可渡过难关。起初的争论只限于观念之争，而随着养老金支付压力的增加，决策者们开始把争论延伸到政策领域。

到 1994 年，波兰代总理和财政部长科勒德克（G. W. Kolodko）向议会提交了"波兰经济发展报告"，报告提出了引进强制性个人账户养老金的计划，不出意外，遭到了劳工部的强烈反对。在财政部（改革派）和劳工部（合理派）的争论持续一年半（1994 年中到 1996 年初）之后①，1996 年 4 月新上任的劳动和社会政策部长巴策科夫斯基（A. Baczkowski）被任命为社会保障改革的"全权大使"，开始制定养老金改革方案，但也遭到劳动部的反对，在经过内阁人事变动之后，到 1996 年秋他所提交的养老金制度根本性改革方案才得以在议会通过，这样才为养老金的全面改革扫清道路。

1997 年 2 月，波兰公布了最终修订的养老金改革方案《多支柱养老保障体系》，直到 1998 年底最终的改革方案才在议会通过，并规定在 1999 年 1 月 1 日实施，这时波兰多支柱的养老金制度架构才基本确立。其中最著名的是第一支柱采用名义账户制养老金，再辅以第二支柱的强制性私人养老金，这表明波兰的养老金仍以现收现付制为主。

3.2.3　波兰转向多支柱模式的原因分析

当波兰养老金制度面临必须改革之时，有多重行动角色参与其中，不仅包括专家学者、政党组织、社会团体、利益集团、退休人员协会、工会等国内参与者，世界银行之类的国际组织也不遗余力地参与其中，积极推销自己的主张，并通过不同的方式影响政策决定者。在当时波兰主要面临三种养老金改革方向的选择：一是改良现有的现收现付式制度，使之趋于合理化；二

---

① 马雷克·戈拉、米哈伊·茹特科夫斯基：《探索养老金改革之路－波兰多支柱的养老金体系》，载《经济社会体制比较》，2000 年第 1 期。

是彻底进行养老金范式改革，采取完全积累制取代原来的模式；三是采纳世界银行的建议，建立多支柱养老金模式。最终，波兰选择了多支柱养老金模式，但是与世界银行的多支柱方案并不尽完全相同。那么，有哪些因素影响了波兰多支柱养老金模式的选择呢？

3.2.3.1 对原制度的路径依赖

一项长期施行的制度总能够塑造很多的既得利益集团，这在中东欧的原社会主义国家尤其明显。由于长期实行指令性计划经济体制，退休工人形成了一个稳固的利益集团，在这些国家不仅退休待遇统一，而且替代率很高，所以当养老金改革需要削减他们利益之时，他们必然发出强烈的抗议之声。加之退休工人长期养成依赖国家的心理惯性，使得他们必然反对激进的私有化改革。这种对原有制度的路径依赖使得波兰养老金的每一步改革都显得步履维艰。例如波兰在1993年试图通过修改待遇计算公式降低养老给付时，遭到民众的强烈反对，并上诉到宪法法院，在法庭判决民众胜诉之后，当时的改革被迫流产。所以，尽管当时波兰的改革是由政府主导的，但民众对改革路径选择的影响作用绝对不可轻视，尤其是波兰在1989年建立民主选举制度之后，民众的选票成了政党推行养老金激进改革的最大障碍。

3.2.3.2 巨大的转制成本强化路径依赖

基金制养老金制度的一个最大优点是能够应对老龄化的压力，实现财务的长期平衡，但它也有一个致命的弱点，尤其是原来实行现收现付制的转型国家，就是巨大的转制成本问题。对波兰来说，由于长期实行的是现收现付制，已经退休的700万人和改革前参加工作的人没有任何积累，全国养老金的历史欠账已达GDP的200%[1]。这一巨大的转轨规模几乎没有任何一个国家能够承受得起，因此成为完全积累制在波兰没有适用性的根本原因[2]。巨大的转制成本促使新制度对原有制度的依赖，在反对完全私有化改革的同

---

① 王应昌：《波兰养老保险制度改革情况与启示》，载《劳动理论与实践》，2000年第12期。
② 郑秉文、陆渝梅：《名义账户制——波兰社会保障改革的有益尝试》，载《俄罗斯中亚东欧研究》，2005年第3期。

时，也迫使决策者在原制度中寻求改革的路径，而名义账户制作为现收现付制的变种，适时地被设计出来，又被波兰改革所借鉴显然是顺理成章之事。

3.2.3.3　政党政治反对激进改革

1989 年的"圆桌会议"开始了波兰的政党轮替，也标志着波兰民主政治的开始。但是，政党政治的一个特征是为了延续执政的目的，执政和反对两党都要迎合选民的偏好，以换取执政的选票。养老金利益集团，尤其是退休人员协会是一个数目庞大的选举团体。对于波兰来说，随着经济的衰退波及养老金制度，养老金改革越来越成为政治家烫手的山芋。例如，对于政府来说，养老金的私有化会减轻沉重的财政负担，并将养老风险转移给参保者个人，因而政府是改革的最大受益者。但是民众的反对及其手中的选票又不得不迫使政治家采取"平和"的改革路线，以求在推动养老金改革的同时，又能保住自己的执政地位，所以在改革过程中选择一个多方都能够接受的妥协方案是明治之举，而此时的名义账户制为主体的多支柱模式正好迎合了这种政治心理。正如有学者论述到中东欧名义账户改革时认为①，由于养老金政策获得信誉的机会非常宝贵，而政治家非常迫切避免受到责难，名义账户制可以为政治家提供这个重大的政治优势。因为基于经济和人口变化趋势的自动平衡机制可以免除政治家未来不得不削减待遇的责任。

3.2.3.4　制度改良的无效性

事实上，波兰从 20 世纪 80 年代后期就开始尝试着对养老金制度的改革，当然采取的是西欧渐进式的参数调整方式，试图通过削减待遇水平，提高退休年龄等方式扭转养老保险基金的失衡局面，可是皆因民众的反对而未能变成现实。到了 90 年代，经济大幅衰退导致的退休人数持续增加，引发了更加严重的养老基金支出危机，使得改革形势更加恶化。此时的养老金支出状况即便不遇到民众的反对，仅通过自身的合理化改良，也无法解决基金失衡的局面。因为小修小补式的改良措施根本无法触及现收现付制的根本问

---

① 沙拉·M·布鲁克斯、R·肯特·维屋：《名义账户制改革的政治学》，载罗伯特·霍尔兹曼等：《名义账户制的理论和实践——社会保障改革新思想》，中国劳动社会保障出版社，2009 年版。

题：制度内的畸高抚养比、退休替代的长期偏高、制度内就业人数的持续减少等，这些问题都无法通过参数式改革得到彻底解决，只能解决暂时的困难。因而，为了养老金制度的长期可持续发展，必须进行范式性改革，从制度结构本身着手寻求改革的出路。

3.2.3.5 国际组织的推动

在波兰选择多支柱养老金模式的改革过程中，世界银行等国际组织功不可没，事实上改革结果也基本符合世界银行的设想。世界银行的观点可以概括为三支柱养老金体系：第一支柱，建立强制性非积累性质的 DB 养老金；第二支柱建立由市场管理的强制性 DC 养老金；第三支柱是自愿性养老储蓄①。为了宣扬自己的主张，世界银行通过调查研究、举办研讨会、出版书籍等方式，鼓吹养老金私有化的种种好处，宣传公共养老金的缺点。为了向波兰的改革者提供第一手的养老金改革信息，世界银行等国际组织发起了一次智利和阿根廷之旅，成员主要有社会保障专家、记者、贸易联合会等利益集团的代表，而反对者则被排除在外②。可见，波兰之所以选择以名义账户制为主体的多支柱养老金模式，一个主要推动力量就是世界银行。因为，世界银行从波兰养老金制度发生危机之始，就积极投身到养老金改革的规划设计之中，从最初推销建立完全积累制的改革建议，到后来主张建立多支柱养老金体制，世界银行的身影始终出现在波兰养老金改革的最前沿。

3.3　结论：路径选择的比较分析

众所周知，波兰和智利的养老金改革除自身结构性原因之外，皆是因为该国进行大幅度经济变革的直接后果。如同欧洲发达国家在应对 20 世纪 70 年代两次石油危机时所采取不同的应对策略一样，这两个国家在面对养老金

---

① 郑秉文：“世界银行养老金观点的重要变化：从三支柱到五支柱”：http：//www. aisixiang. com/data/10999. html。

② 杨立雄：《利益、博弈与养老金改革 – 对养老金制度的政治社会学分析》，载《社会》，2008 年第 4 期。

制度性危机和如何适应经济形态变革时，亦是采取了不同的应对策略，即采用了不同的养老金改革模式，一个是私有化，一个是多支柱。在相同的危机面前，两个国家不同的应对策略清晰地表明了国内影响政策变革的决定因素不同。有学者认为正是这些不同的决定因素影响了各自的政策选择。所以，在政策制定过程中，学者们发现经济、政治、制度本身以及来自国际的影响对政策过程产生着巨大的影响。这是比较政治学产生的基础，同时也是历史制度主义进行政策分析的核心变量。下面是通过对影响两国不同改革路径的比较分析，以求揭示出国际、国内的政治经济形势以及先前的制度结构对改革路径选择的影响，即哪些因素塑造了当前的制度。

3.3.1　经济改革带动养老改革

从两国养老金改革的大背景来看，皆是伴随着该国经济结构的巨大转型，虽然不能说经济改革是养老金改革的直接原因，但是绝对可以说养老金改革是经济改革的一个必然后果。两国的经济改革都是内容广泛、影响深远的结构性改革，涉及发展模式和经济体制。当然，养老金制度改革可以看作是经济改革的一个组成部分。在智利，伴随着经济发展模式从结构主义向新自由主义转变，养老金制度所赖以存在的经济基础也随之改变，养老金赤字的持续高举使民众和决策者也日益认识到，仅对养老金制度的小修小补基本上无济于事，只有对原有制度进行结构性改革才能适应自由市场经济的结构形态；在波兰，随着中东欧政治经济的转型，经济形态也从原来的指令性计划经济转向自由市场经济，这同样动摇了现收现付制养老金体制的供款基础，加之经济转轨过程中震动所造成的经济衰退和正规就业人数的减少，进行养老金结构性改革亦是势在必行。

为什么智利、波兰两国养老金改革的经济转型的背景相同，而所采纳的养老金模式却不同呢？这就涉及经济改革所采取的方式问题。根据经济决定论观点，社会政策是一切经济政策的后果。按照这种逻辑进行推论，养老金政策的差异必然是经济改革模式的不同。如果考察两国当时的经济改革策略，明显地可以证明以上推论：智利采取的是激进的私有化改革，当时是在政府主导下迅速地实行私有化，而在波兰采取的是"休克疗法"，尽管二者都是采取的私有化取向，但实施步骤和方式截然不同，根据国内学者秦晖的观点，波兰的虽然一开始采取的是"休克疗法"，但其后的改革完全不同于激进方式的改革，因为许多企业的私有化谈判经年累月，尤其是与工会的谈判更为艰巨，波兰的格但斯克造船厂谈了五年，罗马尼亚的日乌河谷煤矿谈了十二年，这样的例子并非罕见①。所以，两国的经济改革方式是不同的，一个是激进的；另一个是非激进的，经济改革模式的不同决定着养老金改革模式的选择。一个是完全与自由市场理念相符的完全积累式私有化改革；另一个是部分积累的混合式改革。

总之，通过比较两国的经济改革背景和策略，可以得出结论：一是经济结构的改变推动着养老金结构的转变；二是经济转型的模式也影响着养老金改革的路径选择。以此反观我国当时的经济改革方针和最终养老金模式的选择，也比较符合以上规律，那就是全面的经济转轨决定了养老金的必然改革，而渐进式经济改革的路线决定着我国不可能采取激进方式的养老金改革。

3.3.2　先前制度决定着路径选择

历史制度主义的核心概念是"路径依赖"，即先前制度对后续制度的影响。纵观世界各国养老金制度的改革，无论进行多么大的结构调整，过去制度无不对现有制度产生或多或少的影响，因为过去政策会影响人们对问题的概念和界定，给行动者提供一些类比，使他们能够用来判定未来政策的方案，也使得某些政策主张和技术性方案，比较具有道德上或者是因果上的说服力②。这也是制度塑造利益，利益塑造行动者目标和偏好的内在逻辑，也正是这种先前制度的差异，决定了政治行动者的不同利益诉求，并导致未来

① 秦晖："郎旋风"中看东欧——《十年沧桑：东欧诸国的经济转型与思想变迁》，载《人文杂志》，2005 年第 1 期。
② Weir M. , 1992b, "Ideas and the politics of bounded innovation", In: *Structuring politics: Historical Institutionalism in Comparative Analysis*, pp. 188 – 216. S. Steinmo, K. Thelen and Longstreth Eds. New York: Cambridge.

具体政策上的差异。

　　具体到"路径依赖"对养老金政治的影响，从各国改革的实践中很容易看出其中的规律。凡是具有成熟养老金制度的国家，如 OECD 国家没有一个国家是推翻过去的制度而重新建立一个全新的制度，一般都是在参数调整的基础上采取"加层"的方式，逐步强化企业和个人的责任，从而减轻政府的责任。因为长期实行的现收现付式制度不仅固化了利益结构，也强化了人们对养老金制度的认知意识，如果突然从现收现付制转化为完全积累的个人账户制，不仅巨额的转制成本无法消化，而且人们的意识一时也无法接受。即便是被视为成熟国家"激进"变革的瑞典所进行的名义账户制改革，本质上也只是调整了待遇计算的办法而已。这方面的规律在波兰养老金改革中显露无遗。波兰由于长期实行的是覆盖面甚广的现收现付式制度，财政部试图采用能够迅速摆脱财政包袱的激进式养老金改革，却屡次遭到代表劳工利益的劳工部的抵制，最终还是选择了名义账户制为主的多支柱改革方案，笔者认为这是典型的既适应经济形势变化，又遵循"路径依赖"传统的"折中"式改革。

　　相反，在养老金制度发展不太成熟的国家，往往会发生比较激进的变革，因为这些国家建立的现收现付式制度往往时间不长，或者覆盖面不大，或者制度所发挥的保障性作用不是很大，当他们在面临养老金制度困境时，很容易倾向激进改革，推翻原来的制度，建立全新的个人账户式养老金制度。因为在这些国家一般覆盖面不大，制度又极度的不平等，享受养老金待遇的往往是少数的特权阶层，在面临制度必须改革时，这些少数的利益阶层根本抵不过人民大众的改革呼声，从而顺应潮流进行改革。智利是此种类型养老金改革的典型代表。由于长期实行的是分散而不公平的养老金制度，不仅在利益群体的塑造方面不能形成合力，而且不公平的制度使得人们对制度的认同十分欠缺，"思变"之声早已存在，所以当军政府上台推行私有化改革时，所遇到的反对声音极其稀少，这就为顺利平稳地推进改革创造了有利条件，这也是另一种方式的"路径依赖"。

　　从上述分析可以看出，我国养老金制度模式的选择和波兰极其相似，不仅是改革的背景相同，而且所采取的路径也基本相似。尽管我国养老金制度在改革进程中没有发生波兰那样明显的博弈过程，但结果的选择却十分相同，一个显而易见的解释就是"路径依赖"，长期大包大揽式的国家保障制使我们国家不可能进行激进的私有化改革，只能采取类似社会统筹和个人账户相结合的制度，实质上这是一种社会保险和个人账户的"折中"或"混合"。

3.3.3 国家自主性的强弱直接影响着改革方式的采用

国家中心论是新近发展起来的一种解释福利国家发展的理论，它与其他理论如多元主义、新自由主义和新马克思主义的区别是，国家中心论以"国家"为分析中心，而其他理论以"社会"为分析中心。国家中心论认为国家所追求的目标不仅是某一阶级或社会团体利益诉求的结果，实质上国家有其自身的目标和能力，而能够在国际和国内环境变动之际，采取变通的策略以适应之①。其实，国家中心论的理论核心是国家自主性，即国家在社会政策制定过程中发挥主观能动性的强弱程度，相对而言，威权型国家的自主性程度就强些，反之民主型国家的自主性程度就弱些。因此，笔者认为在养老金改革过程中，威权型国家采取激进方式改革的可能性就大些，如拉美国家；而在西方民主国家，基本上只能采取渐进方式的改革，如 OECD 国家。换言之，养老金改革的激进程度可以视为国家自主性强弱的函数。

以国家自主性理论来分析智利、波兰两国政府在养老金政策制定过程中所起的作用，结果会一目了然。在智利，自 1973 年皮诺切特军政府上台执政后，在政治上实行威权型高压统治，他们在推行自己的社会政策时，无须和任何政治团体和利益集团进行商议。这样一来，军政府在实施改革计划时，不需要经过议会的讨论和同意，也不在乎来自工会和其他社会阶层的压力②。所以，在这种强国家主义的环境之下，智利实行激进的私有化改革在政策制定上很容易获得通过，在具体实施过程中也不会遇到很大的阻力。而在波兰，伴随着经济的转轨和社会的转型以及民主政治的发展，在短时间内催生了众多的利益集团，加之波兰的工会势力历来比较强势，所以波兰的养

---

① Theda Skocpol, 1985, *Bringing the State Back In*, UK: Cambridge University Press, P. 9.
② 刘纪新：《拉美国家养老金制度改革研究》，中国劳动保障出版社，2004 年版。

老金改革经过多年的吵吵嚷嚷，直到 1997 年任命"社会保障全权处理办公室"之后才制定出改革的具体方案，并且采取的是多支柱的"混合"方案，而没有采取全面私有化的方案。即便如此，国家依然还是一直在扮演主导性的角色，这是因为许多社会政策是有国家提出来的，在政策过程之中国家会有许多投入，加之在政策运转之后才能产出决策的输出，所以国家是扮演政策制定的主导性角色是确凿无疑的，只是发挥作用的强弱不同而已。

在我国进行养老金改革过程中，国家发挥主导性的作用也是毫无疑问的。无论是养老金改革试点的推行、模式的选择、还是到最后具体政策的制定，国家在一直扮演主导性角色，即便在改革过程中也曾遇到过一些反对声音，包括世界银行的建议等，但主导权一直掌控在政府手中。

3.3.4　国际组织的影响因国而异

事关养老金改革的国际性组织一般包括世界银行、国际劳工组织、国际货币基金组织、美洲开发银行等，但近年来对养老金改革保持持续关注并提出政策主张的组织以世界银行最为活跃，所以本书主要分析世界银行对智利和波兰养老金改革的影响。世界银行作为联合国的一个专门组织，宗旨是为发展中国家提供低息贷款，以减少这些国家的贫困问题，并力图缩短贫国和富国之间的差距。世界银行开始关注养老金制度的改革始于 20 世纪 70 年代，主要原因是养老金制度和经济发展有很强的关联性，尤其是积累型养老金对储蓄会产生很大影响，而这又与经济发展高度相关。所以，他们的观点是积累型养老金的改革能够有利于增加储蓄，从而推动该国的经济发展。基于这样的背景，世界银行开始持续关注发展中国家，尤其是拉美国家和中东欧等经济转型国家的养老金改革，基本主张是私有化的、完全积累式的个人账户养老金，它虽然并不反对现收现付式的养老金计划，但是希望降低公共养老金的作用，加强私人养老金在整个养老金体系中的作用，以促进该国的经济发展。

世界银行积极推广其政策主张的方式有：一方面，进行政策分析和研究，召开全球性或地区性的养老金政策研讨会，撰写研究报告等智力方面的努力，如 1994 年出版著名的《防止老龄危机》；另一方面，通过不同的方式积极参与养老金改革，从 20 世纪 90 年代以来，共参与过 30 多个国家的养老金改革工作，比如世界银行在对各国提供贷款和进行援助时，往往附带金融体系和养老金体系改革的建议。

智利新自由主要改革的政策取向与世界银行的理念不谋而合，因此在养老金改革过程中多采用世界银行的建议，在完善金融体系的情况下，积极推动养老金的私有化改革。反过来，因其积累型养老金对国家经济发展的巨大作用，"智利模式"也为世界银行所极力推广。而在波兰，世界银行为发挥其在养老金改革中的影响力，下巨大功夫渗透到波兰的养老金改革过程中，例如资助波兰养老金改革小组的运作，提供资金组织改革参与者到智利、阿根廷学习经验等[①]。但是，尽管世界银行对两个国家都倾注了大量心血力推自己的政策主张，但结果却有所差别，智利的完全私有化完全符合世界银行的设想，而波兰的多支柱模式明显是对世界银行的方案进行了修正。这说明，世界银行虽然对养老金改革的模式选择有所影响，但要因各个国家而异。正如帕拉西奥斯和帕利亚雷斯 – 米拉莱斯（Palacios & Pallares – Miralles）[②]的研究显示，1982 ~ 2000 年间世界上只有 18 个国家实施了世界银行倡导的强制性私人养老金方案，其中还包括 6 个与世界银行完全无关发达国家或地区的养老金私有化改革。

世界银行同样积极介入我国当时的养老金改革，1991 ~ 1997 年间，世界银行总共向中国提交了 101 个各种类型的方案，投入 182 亿美元的资金[③]，但最终对中国的影响仅限于技术层面。以上说明，国际组织对养老金改革路径的选择虽有影响，但不明显，同时也因国家而异。

3.3.5 转轨成本制约着改革方向

历史制度主义者认为，造成"路径依赖"的一个重要原因是"成本"

---

① 杨立雄：《利益、博弈与养老金改革 – 对养老金的政治社会学分析》，载《社会》，2008 年第 4 期。

② Robert Palacios & Montserrat Pallarès – Miralles，2000，"International Patterns of Pension Provision"，Social Protection Discussion Paper Series.

③ 资料来源：世界银行网站。

问题。在《回报递增、路径依赖和政治科学研究》一文中，皮尔森指出："一旦一个国家或地区沿着一条道路发展，那么扭转和退出的成本将非常昂贵。"而研究技术发展史的阿瑟（Aithur）则进而认为，某种技术或制度一旦被选定之后，往往就难以退出，其中的一个原因就是高昂的建构成本或固定成本。从各国养老金改革的政策设计来看，虽然国情是模式选择的基础，但各国养老金的制度结构则决定了政府对待改革的基本态度，其中的一个主要组成部分就是转制成本问题，也是制约养老金改革采取何种模式的主要因素。遍观世界各国的养老金改革，长期实行现收现付制的国家几乎没有进行激进的改革，原因是高昂的转制成本制约着路径的急速转型，相反制度不成熟的国家则有可能采取激进方式的改革，原因是相对较小的转制成本对于急速转型的制约力相对也小。

比较智利、波兰两国的制度转型成本，很明显存在巨大差别，其主要原因是各自国家原有制度的差别。由于波兰的养老金制度在计划经济时期几乎覆盖所有的工人，较高的覆盖率和待遇替代率自然会导致较高的转制成本，据当年测算，波兰如果从现收现付制转为部分积累制，所付出的过渡成本将连续 10 年以上达到 GDP 的 5%[①]，更不用说转为完全基金积累制了。而在智利，由于制度分割和公平性不足的原因，在改革前的 1980 年，智利养老金的覆盖率仅为 64%[②]，根据 IMF 的测算，智利的转制成本在 1981～1999 年间占 GDP 的 3.3%，2004 年达到峰值 4.0% 以后将会逐年下降[③]。所以，单从转制成本这个角度来看，波兰实行激进式改革的可能性就远小于智利，何况智利在进行养老金改革前，已经通过严厉的财政计划，积累了一笔财政盈余，到 1980 年财政盈余总计占 GDP 的 5.5%，补偿了大部分养老金债务[④]。相反在波兰，由于经济转轨造成的经济衰退无法在短时间内恢复，国家财政也当然无法分担高额的转制成本。

我国当年的养老金改革状况和波兰有些类似，计划经济时代的福利依赖

---

① 熊海帆：《波兰的养老金改革及其对中国的启示》，载《西南民族大学学报》（人文社科版），2006 年第 2 期。

② Alejandro Ferreiro, 2003, *The Chilean Pension System Based on Individual Capitalization*, Supnerintendence of Pension Fund Administrators, Fourth Edition, p. 31.

③ IMF, "Chile: Selected Issues", *Country Report No. 05/316*, September 2005.

④ 刘纪新：《拉美国家养老金制度改革研究》，中国劳动保障出版社，2004 年版。

造成了高昂的转制成本，直到今天也没有彻底解决好转制成本的问题，一个严重后果是我国个人账户制度的空账运行，造成"统账结合"制度的名不副实。正是因为这个因素的制约，致使我国当年也不可能采取激进的改革方式，只能采取混合式的渐进主义改革。

总之，通过比较智利、波兰养老金改革的路径选择，可以看出一个国家养老金模式的选择，是与该国的政治制度、经济社会条件以及原有的制度结构是分不开的，任何单一因素都无法左右养老金改革的模式选择。从这个角度来看，无论是智利选择激进的私有化改革，还是波兰采用多支柱改革，都有其必然性和合理性。因为一方面它们必须要进行养老金制度的改革，另一方面各个国家又面临不同的政治经济形势，所以只能在多种博弈中选择适合自身发展的养老金模式。

第4章

沧桑巨变和因应改革：
养老保险制度改革的萌动

我国"统账结合"养老保险制度肇始于计划经济时代的"国家－单位"保障制养老金制度，通常被称作传统养老保险制度。欲对现行的"统账结合"养老金制度进行解构分析，必须要回溯到计划经济时代的养老保险制度，因为这既是历史制度主义方法论解构社会事件的基本要求，也是研究制度变迁的必要之举。历史制度主义之所以引入了历史分析，目的是从较长时间段的历史发展过程这个时间序列，来分析制度变迁所受到的各方面影响以及制度演变过程中多种变量的相互作用。换言之，历史制度主义是通过追寻社会事件的发展规律，来探究事件过去对现在的影响，即前一段的政策选择是如何影响其后阶段政策方案选择的，同时这也是在探究政策选择的"路径依赖"的过程是如何具体变迁的。

对"历史"的分析逻辑地包容在对"现实"的分析之中[1]，同时对社会事件进行历史分析也是事件发展过程的社会背景分析。我国传统的养老保险制度是依据苏联模式建立起来的国家保障型养老金制度，其制度基础是国家统一管理的行政指令性计划经济，也即国家几乎可以调控一切社会资源。在当时的社会条件下，这种国家保障型养老金制度，既是社会主义制度优越性的体现，也是计划经济时代对低工资的一种补偿。可是，到了20世纪70

---

① 郑秉文、和春雷：《社会保障分析引论》，法律出版社，2001年版。

年代末期我国开始引入市场经济制度时，这种传统养老金制度就与新的社会经济条件显得格格不入了，尤其是随着改革开放的逐步深入，这种与国有企业严密结合的养老金制度越来越显出它的不适应性。所以，对计划经济时代养老金制度及其所依赖的社会经济环境的分析，才能使我们看清楚制度变革的深刻根源。

本章的主要议题是探讨我国养老保险制度变革的宏大社会背景及其如何对传统养老保险制度的冲击，那么对变革背景的分析就要回溯变革之前社会背景及其相关制度的分析，也就是对传统养老金制度的分析，才能看清楚变革的本来面目。本章的结构安排是首先描述分析传统养老保险制度的历史沿革及其各个时间段的社会历史条件和政治环境；接下来是分析改革开放政策的实施对社会条件带来的种种变化及其对传统养老保险制度的冲击，以求对养老金制度变革进行一个完整的社会背景分析；最后是通过对社会背景和养老金制度本身的综合分析，来挖掘养老金制度必须变革的深层原因。

4.1　计划经济时代的养老保险制度

早在中华人民共和国建立前夕的 1949 年 9 月 29 日，中国人民政治协商会议第一届全体会议通过的《中国人民政治协商会议纲领》，第 32 条规定要在企业中"逐步实行劳动保险制度"。到 1950 年 3 月 15 日，当时的政务院财经委员会发出了《关于退休人员处理办法的通知》，这是新中国成立后发布的第一个退休养老方面的法规，它标志着国家承担并主导退休养老保障职责的开始，但是因其适用范围仅局限在旧中国已经领取退休金的机关、铁路、海关、邮局等单位的职工，实质上只是延续对旧中国已经享受退休待遇的认可，因而不能视为我国退休养老保险制度建立的开始[①]。

---

① 郑功成等：《中国社会保障制度变迁与评估》，中国人民大学出版社，2002 年版。

4.1.1　养老保险制度的初创（1951～1957 年）

在《中国人民政治协商会议纲领》的指导下，政务院责成劳动部会同中华全国总工会起草《劳动保险条例》。劳动部和中华全国总工会在总结革命根据地和解放区以及铁路、邮电等产业部门实行社会保险经验的基础上，参考国外的做法，于 1950 年拟定了《中华人民共和国劳动保险条例（草案）》，并于 1950 年 10 月 27 日予以公布[①]。在经过全国职工充分讨论的基础上，政务院于 1951 年 2 月 26 日正式颁布了《中华人民共和国劳动保险条例（草案）》，同时为保障《劳动保险条例（草案）》的实施，劳动部于 3 月 24 日公布了《劳动保险条例实施细则（草案）》。至此，我国颁布了新中国成立后第一部内容完整的社会保险法规，标志着新中国养老保险制度的正式建立。此时的《劳动保险条例》覆盖范围适用于正式职工 100 人以上的企业，退休年龄是男职工 60 岁、女职工 50 岁，退休金的替代率约为 50%～70%。

1953 年，随着我国财政状况的逐步好转，国家开始进入有计划的建设时期。为适应大规模的经济建设需要，以连续颁发的三个重要文件（《关于中华人民共和国劳动保险条例若干修正决定》、修正后的《保险条例》和《保险条例实施细则修正草案》）为标志，国家对 1951 年的《劳动保险条例》进行了修改。修正的主要内容一是适当扩大适用范围；二是适当提高待遇标准。随着 1956 年《劳动保险条例》适用范围的进一步扩大，到 1957 年为止，全国企业职工参加养老保险的人数达到 1600 万人，占当年城镇从业人员总数 3205 万人的 49.9%，年支付职工劳保福利费用 27.9 亿元，占当时工资总额的 17.9%[②]。《劳动保险条例》起初的实施机关为劳动部，领导机关是中华全国总工会，到 1954 年政府为精简机构，将企业职工的社会保险工作移交给全国总工会进行统一管理[③]。《劳动保险条例》规定社会保险

---

① 宋士云等：《新中国社会保障制度的结构与变迁》，中国社会科学出版社，2011 年版。

② 国家统计局：《中国劳动工资统计资料》，中国统计出版社，1987 年版；国家统计局：《中国统计年鉴》，中国统计出版社，1994 年版。

③ 注释：1954 年 5 月 28 日政务院发布《关于劳动保险业务移交工会统一管理的通知》，同年 6 月 15 日劳动部和中华全国总工会根据《通知》精神，联合发出《关于劳动保险业务移交工会统一管理的联合通知》，对移交事宜做出了具体规定，这标志着企业养老保险业务开始由工会进行管理。

费用由企业单方面负担，职工个人不需缴费，费率为 3%，其中 30% 上缴全国总工会作为调剂基金，70% 留存企业内部作为劳保费用的日常开支。

这一时期的养老保险制度的本质特征是以国家为实施和管理主体，国家和企业共同担负费用，由此形成国家和企业的一体化社会保障模式，我们称之为"国家/企业保险模式"[1]。它的理论基础是马克思的"产品扣除学说"，实施依据是列宁"国家保险原则"，其主要目的不是促进经济发展，而是稳定工人阶级并彰显社会主义制度的优越性。事实上，政策效果也是非常明显，以解决失业问题为例，1952 年的城镇失业率为 13.2%，到 1957 年已经降为 5.9%[2]。但是，所造成的后果也是很明显的，即国家包办社会保险制度导致了职工对国家的福利依赖。

4.1.2　养老保险制度的调整（1958～1966 年）

从 1957 年开始，我国转入有计划地全面开展社会主义建设时期。在计划经济体制之下，我国逐步确立了国家为主要责任主体，单位为共担责任主体的社会保障制度。在这种制度安排下，国家直接承担着统一制定各项社会保障政策、直接供款和组织实施有关社会保障事务的责任，国家和单位在社会保障制度的实施过程中日益紧密地结为一体[3]。但是，鉴于机关、事业单位和企业职工的养老保险制度处于分立的状态，国家在实施"二五"计划的背景下开始了对养老保险制度的调整。

1958 年 2 月 9 日国务院颁布了《国务院关于工人、职员退休处理的暂行规定》。它与原有《条例》和《规定》的不同之处在于：一是放宽了退休条件，将工龄限制减少了 5 年；二是制定了工人、职员因工致残完全丧失劳动能力后退休待遇的条款；三是取消了《劳动保险条例》中规定的在职退休金；四是增加了病退条款，规定因身体虚弱、丧失劳动能力、经医生证明不能继续从事工作的人员可以提前退休；五是提高了特殊贡献退休人员的待

---

①　马杰、郑秉文：《计划经济条件下新中国社会保障制度的再评价》，载《马克思主义研究》，2005 年第 1 期。

②　国家统计局：《中国劳动统计年鉴》，中国统计出版社，1994 年版。

③　宋士云等：《新中国社会保障制度的结构与变迁》，中国社会科学出版社，2011 年版。

遇。此次最为显著的变化是，将企业职工养老保险和国家干部的养老保险纳入到一个共同的养老保险计划之中①。这是我国养老保险制度中企业职工养老保险和机关事业养老保险制度短暂的趋同，但是随着政治经济形势的变化，这种趋同局面被迫中止，致使直至今日养老保险的职业分割局面仍没有统一。

与此同时，随着城镇集体经济的发展，与单位签订集体劳动合同的集体企业职工的养老保险问题开始涌现出来。为解决这些单位职工的养老保险问题，有些单位或企业开始探索集体合同工人的养老保险制度。例如，第二轻工业部和全国手工业者合作总社于 1966 年 4 月 20 日颁布了《关于轻、手工业集体所有制企业、社员退休统筹暂行办法》《关于轻、手工业集体所有制企业、社员退职统筹暂行办法》，这是首次尝试建立集体所有制单位职工的退休统筹制度②，虽然其规定的退休待遇相较于职员、工人的较低，仅相当于本人在职工资的 40% ~ 60%。

由此可见，此一阶段的养老保险制度是对原有制度的调整、完善和修正。同时也是我国养老保险制度的一个相对稳定期，因为从全国职工从业人数来看，从 1958 年到 1966 年间，人数基本稳定在 4500 万人到 5200 万人之间③，这与当时大跃进之后的"调整、稳固、充实、提高"之政治主张是分不开的。

4.1.3　养老保险制度的破坏（1967 ~ 1976 年）

1966 年 5 月我国爆发了史无前例的"文化大革命"。在"十年动乱"期间，我国在政治、经济、文化等领域都遭受到了严重的干扰和破坏，养老保险制度亦没能幸免。《劳动保险条例》被指责为腐蚀职工的修正主义条例而受到根本的否定④，加上承办社会保险的机构被撤销，致使已经运行十五年的劳动保险制度几近陷入停滞状态，给我国未来的养老保险制度的发展造成了深远的影响。

---

① 郑秉文、和春雷：《社会保障分析引论》，法律出版社，2001 年版。
② 郑功成等：《中国社会保障制度变迁与评估》，中国人民大学出版社，2002 年版。
③ 国家统计局：《中国劳动工资统计年鉴》，中国统计出版社，1990 年版。
④ 卫兴华：《中国社会保障制度研究》，中国人民大学出版社，1994 年版。

在"文革"期间，首先受冲击的是社会保险的管理机构。当时管理企业职工劳动保险业务的中华全国总工会被迫停止活动，各级工会组织亦几乎陷于瘫痪状态，劳动保险的日常管理工作只能转到企业行政方面[1]；从 1966 年底劳动部门受到冲击到 1970 年 9 月撤销劳动部，劳动部的业务工作并入国家计委劳动局，劳动保险工作就丧失了有效的宏观管理；随着 1969 年管理国家机关工作人员的内务部被撤销，我国的社会保险事务就陷入了无人管理的"真空"状态。在这种状况之下，加上当时"无政府"思想的影响，原有的退休养老制度不能有效落实，大批具备退休条件的职工、干部得不到妥善处理。根据 1978 年的统计资料显示，"文革"结束时，企业职工应退而未退者达 200 余万人[2]。其后果就是企业单位人员不能更新，机关事业单位人员老化，导致干部、职工实际上走向了终身制[3]。

由于"文革"的冲击，企业生产工作受到严重影响，大批企业缴不起社会保险金，又因为社会保险管理机构被撤销或冲击，实质上也无法统一征缴和管理保险基金。在这种情况下，财政部在 1969 年 2 月发布了《关于国营企业财务工作中几项制度的改革意见（草案）》，规定"国营企业一律停止提取劳动保险金""企业的退休职工、长期病号工资和其他劳保开支，改在营业外列支"[4]。这一文件的颁布，导致了严重的后果：一是丧失了社会保险的统筹本质，造成了新老企业的"苦乐不均"和新老职工的"代际冲突"；二是使我国的养老保险制度蜕变为"企业保险"，把养老保险制度由社会事务演变为职工所在单位的内部事务[5]，这种局面给我国的养老保险制度造成了长期的影响，一直延续到"统账结合"养老保险制度的建立。

4.1.4 养老保险制度的修复（1977～1983 年）

1976 年 10 月"四人帮"的垮台结束了为期十年的"文革"动乱，1978

---

① 宋士云等：《新中国社会保障制度的结构与变迁》，中国社会科学出版社，2011 年版。
② 严忠勤：《当代中国职工工资福利和社会保险》，中国社会科学出版社，1987 年版。
③⑤ 郑功成等：《中国社会保障制度变迁与评估》，中国人民大学出版社，2002 年版。
④ 刘传济、孙光德：《社会保险和职工福利》，劳动人事出版社，1987 年版。

年 12 月召开的党的十一届三中全会决定把国家建设的重点转移到经济建设上来，由此开启了中国的改革开放政策，也间接地导致了我国社会保障制度的调整和改革。在本小节的 1977～1983 年间，虽然我国在经济上已经实行了改革开放政策，但根据社会保障政策调整总是滞后于经济政策的调整或其他重大政治变革的国际惯例①，这一段时间不能算作中国养老保险制度改革的开始，充其量是因应经济体制改革需要的改革萌动，更准确地说，应该是对十年"文革"期间遭到破坏的养老保险制度的一种修复。

1978 年在我国养老保险制度发展史上是一个重要年份，其标志是同年 6 月 2 日国务院颁布了《国务院关于安置老弱病残干部的暂行办法》和《国务院关于工人退休、退职的暂行办法》（下称：《办法》），它不仅是"文革"结束后恢复重建我国养老保险制度的标志，也是对 1958 年颁布《国务院关于工人、职员退休处理的暂行规定》的全面修订，一个最重要的标志是将原来统一起来的机关、事业、企业单位的退休养老制度，重新进行分割，分别由以上两个新颁布的法规来规范。其主要原因是当时统一的制度没能充分考虑干部的特点，尤其是参加革命工作时间较长老同志的特点，工人和干部分别规定办法，有助于干部中的一些特殊问题②。与 1958 年的规定相比，另一个重要变化是放宽了受益资格条件和适当提高了退休待遇标准。

在《办法》这一文件的指导下，从 1980 年开始，全国开始对停滞中断多年的社会保险工作进行整顿和恢复，其工作重点主要集中于：一是把在十年"文革"期间不符合社会保险政策的规定予以纠正；二是整顿遭破坏的社会保险资料；三是培训社会保险专业从业人员③。但是在恢复重建过程中也出现了一些严重问题，原因是一些部门和单位，不能严格执行《办法》规定，任意放宽退休、退职的条件，致使一些不符合退休、退职条件的工人办了退休、退职手续，而一些应该退休、退职的工人却不能退休、退职。为制止这一乱象，国务院于 1981 年 11 月 7 日发出《国务院关于严格执行工人退休、退职暂行办法的通知》，进一步规范了养老保险经办行为，使遭到破坏的养

---

① 郑功成等：《中国社会保障制度变迁与评估》，中国人民大学出版社，2002 年版。
② 宋士云等：《新中国社会保障制度的结构与变迁》，中国社会科学出版社，2011 年版。
③ 王占臣、任凡：《社会保障法全书》，改革出版社，1995 年版。

老保险制度逐步得以恢复。

而随着改革开放的逐步深入，我国所有制结构也随之变化，已经不再是国有经济一统天下的局面，其他所有制经济（集体所有制、私人经济和三资企业）的发展使得不同所有制之间的竞争日趋激烈。因此，因应经济的发展，一些地区开始为集体所有制企业职工探索建立养老保险制度。与此同时，由于劳动用工制度开始多样化，新出现的工人类别如合同工的养老保险制度在当时的制度条件下无法得到解决，有些地方也开始尝试劳动合同制工人的养老保险方案。此外，面对"企业保险"制度所造成的各个单位负担不均的问题，养老保险的统筹机制也在探索之中，如从 1982 年开始，江苏泰州、广东江门、东莞等城市开始了职工养老金的社会统筹试点[1]。所以，摆在中国养老保险制度面前的困难是，如何在一个市场取向的社会环境下，满足不同所有制企业职工的养老保险需求，并兼顾好社会公平和经济效率。

4.2　传统养老保险制度的特征及其缺陷

分析我国传统的养老保险制度，许多制度特征都有其独特之处和社会环境的局限性，例如单位依赖性、行政附属性、城乡二元性等，这些本质属性是与当时我国实行的计划经济体制是不可分割的。在当时的历史条件下，我国为发展重工业的需要，模仿苏联经验实行了"低工资、高福利"的社会政策，同时采取了就业和社会保障制度的城乡二元制，目的就是利用工农业的"剪刀差"迅速积累发展工业所需要的资本。这既需要当时的社会保障制度来吸纳工人和稳定工人的社会地位，也需要提高工人的积极性以助于发展经济。因此，《劳动保险条例》的实施基本保障了城市企业职工的就业安全和生、老、病、死，同时也把职工和所在单位捆绑在了一起。但是，正如任何制度都有其两面性，这些制度特征在体现社会主义制度优越性的同时，也日益显露出它的局限性，如制度封闭性、保障单一性、制度脆弱性，特别

---

① 郑秉文、和春雷：《社会保障分析引论》，法律出版社，2001 年版。

是在经济体制面临改革和调整的环境之下，它与社会主义市场经济体制的不适应性愈发明显，逼迫决策者对我国的社会保障制度做出改革和调整。

4.2.1　传统养老保险制度的特征

第一，我国传统养老保险制度的一个明显特征是单位保障制。因为在计划经济体制之下，劳动者被局限在单位之内，所在单位不仅要为在职的职工负责，还要为退休职工负责。劳动者退出劳动岗位后，仍被看作是原单位的职工，不仅要从原单位领取退休金，还要服从单位的管理，作为交换，退休职工能够和在职职工一样，领取单位的各种福利待遇。这种离岗不离单位的就业制度，实质上形成了职工和单位的人身依附关系，使劳动关系能够一直延续到职工死亡。形成单位保障制的另一个原因是，在计划经济体制下企业实质上不是经营的主体，只是行政部门的附庸，执行行政部门的指令或委派。

第二，单方缴费责任。1951 年的《劳动保险条例》规定各项劳保费用全部由企业缴纳，职工个人不需缴纳劳动保险费用。企业职工的劳动保险费用来源于企业收益，机关事业单位职工的保险经费来自国家财政拨款。在 1969 年财政部发出《关于国营企业财务工作中几项制度的改革意见（草案）》之前，企业缴费的 30% 要上缴全国总工会，用于社会统筹调剂使用，其余 70% 交由企业工会控制使用，用于本企业的劳保福利费用。这说明当时的养老保险制度虽然具有一定的社会统筹性质，但是大部分还是从属于企业单位本身，使养老保险制度和企业有某种特殊的依附关系。到 1969 年之后，国家规定国营企业一律停止提取劳动保险金，企业退休职工等劳保开支均在营业外列支。至此，我国养老保险制度所具有的部分统筹职能已不复存在，彻底地沦为企业保险，这时的养老保险和企业的共生关系更加紧密，换言之，对企业的依附性更大。

第三，现收现付性质。我国传统养老保险制度采用的是现收现付制财务模式。因为机关事业单位职工的退休养老经费列入国家财政的年度预算，而企业职工的养老保险经费先是来源于企业收益，后来源自企业年度经营成本的开支项目，二者都不进行基金积累，只是国家财政预算和企业单位预算的差别而已。所以，当时的制度模式可以称为是现收现付制。这在当时就业结构普遍年轻的情况下，管理起来比较方便，但是随着企业年龄结构的变化，它的不适应性就会越来越明显。

第四，与就业高度相关联。我国传统的养老保险制度是以就业为前提的，而且一旦就业就会享受除养老金之外的其他福利待遇，实质上我国计划经济时代的社会福利基本等同于职业福利。从政治角度讲，这种与就业高度相关联的社会福利制度有利于提高职工对企业的认同，增加职工对单位的依赖性，从而有利于社会控制。从社会流动角度来看，这种与就业高度相关的养老保险制度却阻碍了劳动力的流动和人力资源的合理配置。这在计划配置的体制之下还有生存的可能性，但是到了市场经济体制下就不可能有效地运转下去。

4.2.2　传统养老保险制度的缺陷

第一，对计划经济体制的高度依赖。传统的养老保险制度奠基于指令性计划经济体制。在这种体制之下，国营企业只是国家有关部门的附属物，不是自主经营、自负盈亏的经济实体，而是企业与国家在财务上实行统收统支。因此，国家的各项社会保障制度依靠企业这一基层单位来落实也就不足为奇。同时，由于在当时的财务会计体系中，社会保险费用的营业外列支实质上是由企业的利润支付，而当时的企业利润又需要统统上缴，这样下来，用企业利润支付社会保险费用，既不会与企业管理层的个人利益有关，也不会与企业集团利益有关，反正是在一个"大锅饭"下进行统收统支，这样无论是先前具有部分统筹性质的制度，还是1969年以后蜕变为企业保险的制度，都能够在当时计划经济的体制下生存。但是，在我国实行经济体制改革之后，由于实行了企业与国家的收益分成，要求企业自主经营与自负盈亏，企业负担的社会保险费用自然地就与企业的经济利益有了密切地联系。因此，传统养老保险制度对企业单位的依附性与市场经济体制下企业的发展的自主性就越来越不相适应，二者之间的矛盾也愈发明显起来。

第二，制度运行的封闭性。这里的封闭性是指传统的养老保险制度不具有社会化特征，不能开放接纳社会统筹基金的调剂互助，仅是在本单位内部运行的制度。在计划经济体制之下，由于企业单位既履行生产生活的职能，又行使着行政管理的职能，所以国家必须保障企业单位的长生不死，而企业则包办企业职工的生、老、病、死，这样企业与国家、职工之间的共生关系，自然地使企业单位和其职工成为一个不可分割的整体，使劳动力的流动性极弱。这样就产生了两个严重的后果：一是由于各个企业成立的时间早晚不一，在新、旧企业之间，不同行业之间，老工业基地和新发展地区之间，这种封闭的劳动用工制度导致各个企业职工之间的年龄结构存在极大差异，从而造成企业之间存在畸轻畸重的养老负担；二是在终生就业的保障机制之下，要想改变企业职工的年龄结构，只有源源不断地补充年轻职工，这样必然造成职工队伍的持续膨胀，导致一个人的活三个人干，所以在改革开放前的国有企业普遍存在效率低下，人浮于事的局面。以上两种后果致使我国既无法实现社会公平，也不能保证经济效率，这样必然促使养老金制度的变革。

第三，企业的单方面付费导致企业不堪重负。由于实行"低工资、高福利"的经济发展策略，加之为了体现社会主义制度的优越性，我国传统的养老保险制度实行的是企业或国家单方面付费机制，但是随着时间的推移和退休人员的增多，部分企业特别是建制较早的企业，日益增加的养老负担和社会福利开支提高了企业成本，这种状况既削弱了企业的竞争力，也无法分散企业风险，严重干扰了企业正常的生产和经营，致使许多企业陷入经营困难的现象屡见不鲜。

第四，制度的从属性。由于传统的养老金制度从属于企业单位，而企业单位在计划经济体制之下又不是一个严格意义上的企业，所以这种养老保险依附于企业、企业依附于行政机关的特性决定传统的养老保险制度很大程度上是一种政策性保险，其后果是制度本身极易遭受政治等因素的影响，加之传统养老保险制度的生存环境又是一个政治挂帅的年代，政治挂帅年代的政策多变性又必然导致养老金制度的随之变化。因此，政策的多变性损害了这种制度的内在稳定性①，导致了养老保险制度跟随政治局势的变化而变化，

---

① 郑功成：《中国社会保障制度的变迁与评估》，中国人民大学出版社，2002 年版。

最终使我国的养老保险制度由原来的社会保险性质演变成了单位保险性质。

4.3 改革开放政策的实施及其对养老保险制度的冲击

对某种社会保障制度的选择和设计，实际上意味着是对其相应的经济制度的选择和设计，即社会保障制度在某种意义说就是社会经济制度本身的体现①。从这个意义上说，社会保障制度深刻体现着社会经济制度的本质。换言之，有什么样经济制度就有什么样的养老金制度，也即养老金制度模式是一国经济发展模式的反应。这一论点能够在世界养老金的发展史上得到有力的证明，例如根据艾斯平－安德森的经典分析，崇尚自由主义经济传统的英国实行的是典型的盎格鲁·撒克逊养老金模式，与之相处鲜明对比的是长期坚持莱茵发展模式的欧陆国家则实行大陆合作主义养老金制度。在计划经济时代我国实行的是与指令性中央计划经济相适应的国家－单位保障制养老金制度，而在我国进入改革开放时代，步入市场经济之时，我国的养老保险模式必然要建立与市场经济相适应的制度模式，这就需要对原来养老金制度进行变革，这既是制度的必然，也是现实的使然。然而，由于本节论述的时间段是在改革开放初期，那么我国在这段时间的养老保险制度改革也只能仅限于对初期经济改革的回应，即改革的萌动。

4.3.1 改革开放政策的实施

鉴于十年"文革"对我国经济社会造成了严重破坏，十年"文革"结束后全国上下一致认为必须结束旧体制和旧路线，以改革开放的新路线开创中国的未来。1978 年 12 月召开的中国共产党十一届三中全会，扫除了改革开放意识形态上的束缚，开启了改革开放的大幕。

在改革开放初期，对经济体制改革的探索是从对国营企业的"放权让

---

① 马杰、郑秉文：《计划经济条件下新中国社会保障制度的再评价》，载《马克思主义研究》，2005 年第 1 期。

利"开始的。所谓的"放权让利"就是扩大企业的经营自主权，向企业转移一部分过去由政府牢牢控制的权力。它是对传统国有企业管理体制中，计划因素太多，对企业的生产经营管得太死，导致效率低下的一种改革尝试，其核心是简化计划指标，放松计划控制，强化对企业和职工的物质激励。这种改革方式标志着我国的改革一开始就打上"试点先行"的烙印，并形成了后来凡是改革，必先"试点"的思维惯性。首先尝试"扩大企业经营自主权"改革的是四川省。1978 年 10 月，四川省选取 6 家企业进行扩大企业经营自主权的试点，在取得明显成绩的情况之下，把试点扩大到 100 家国有企业。在四川省试点的基础上，1979 年 7 月 13 日国务院颁布了《关于扩大国营工业企业经营管理自主权的若干规定》，规定企业可以拥有部分计划、销售、资金运作和职工福利基金使用等权利，并要求各地、各部门选取一些企业进行扩大企业经营自主权的试验。这一改革政策的出台，意在改变政府和企业的关系，使企业从政府的附属物向具有一定自主权的相对独立的经济实体转变[①]。

在试点开始的几个月，扩大企业经营自主权的确收到了显著成效，但是随着试点的逐步深入，它的局限性也很快显现出来了。在改革过程中，单一的"放权""让利"并不能确立企业作为独立生产者的地位，加之当时宏观经济改革政策未能及时配套跟进，使政府属于企业的权利不能真正得到落实，有些实际上被政府收回或被地方政府截留，使企业仍不能摆脱"政府附庸"的角色，致使这次的改革实验未能取得成功。

虽然说"扩权让利"的改革实验没有取得成功，逼迫中国不得不寻求新的改革出路，使后来的改革实验不得不放在农村和非国有经济领域，但是这次改革也部分地激发了企业发展的内在动力，并开启了企业制度改革的序幕。它的主要贡献如下：一是使企业有了一定的经营自主权和独立的经济利益，开始使企业向独立的经济单位迈进；二是促使企业开始重视市场调节的作用，增强了市场观念；三是使企业在用人制度上有了一定的自主权。例如，四川省制定的《关于扩大企业权力，加快生产建设步伐的试点意见》中规

---

① 刘永泽：《国有企业改制及其相关问题研究》，东北财经大学出版社，1998 年版。

定，企业中层及其以下干部由企业党委任免，不再报批，企业可自由向社会招收工人，推行劳动合同制[1]；四是为未来的宏观经济改革创造了微观基础。

4.3.2　改革开放对养老保险制度的冲击

改革开放政策的实施对我国社会经济的方方面面产生了深远的影响，社会保障作为经济体制改革的配套，进行制度改革和调整亦在必然之中。尽管说在1984年之前的城镇经济体制改革仅限于探索性质，除对国营企业实行"放权让利"的政策之外，没有进行其他实质意义上的改革，但是毕竟这些举动意味着计划经济体制开始有所松动，以及与之相适应的制度开始出现变革，例如劳动用工制度、企业的财务制度等，这些制度都是养老保险赖以生存的基础，它们的丝毫变动都会对养老保险制度有所冲击。

4.3.2.1　冲击了职工对国家和企业的依赖心理

经过计划经济时代三四十年的积淀，长期在"大锅饭"里生存的习惯使得人们普遍缺乏对社会风险的意识，久而久之形成了对国家和企业高度依赖的心理。根据"养老保险制度改革研究"课题组的研究，在对长春卷烟厂等部分国有企业职工关于养老保险改革态度的调查问卷中显示：91％的受访者希望传统的养老保险制度保持不变，只有不到7％的职工赞成进行改革。职工对社会保障制度改革有三个疑虑：一是怕政策随时变动；二是怕缴纳的养老金贬值；三是保险管理部门到期不兑现养老给付[2]。由此可见，虽然企业面临巨大的经营困难，职工也面临着领不到养老金的风险，但是长期养成的对国家和企业的依赖和信赖，依然支持着他们对国家和企业的信心。

又根据宋宝安的调查，在对好、中、差三种效益不同类型企业1024名职工的调查中，55％的人认为本企业没有破产的可能性，本人不存在失业问题。有35％的人认为本企业有可能破产（但是，持这种看法的人多半是停

---

① 刘永泽：《国有企业改制及其相关问题研究》，东北财经大学出版社，1998年版。
② "养老保险制度改革研究"课题组：《我国城镇企业职工养老保险制度的改革》，载《社会学研究》，1996年第1期。

产、半停产企业的职工)①。尽管人们对传统国有企业保持如此的信心，但是企业经营状况的恶化却在慢慢改变人们的意识。在停产、半停产企业，一些职工亲眼看到了企业在市场竞争中的亏损和失败，所以有 80.9% 的人认为会破产，而在效益较好的企业中，只有 15.7% 的人认为企业将来可能会破产，其余的人都认为不会破产②。这说明，企业经营的严峻局面在不断冲击着人们对国家和企业的依赖心理，面对改革开放的主流趋势，人们也不得不调整心态慢慢适应这种变化。

4.3.2.2　动摇了养老保险的财务基础

不可避免地，养老保险制度也会随着财政税收制度改革而变迁。在计划经济体制之下，国家财政和企业财务之间的界限是模糊不清的，二者实质上是一体的，都是通过政府的行政手段在不同部门之间进行配置。在"利改税"改革之前，政府是通过利润上缴的形式将企业财务全部纳入财政预算。因此，看似由企业承担的职工养老保险责任，实际上是国家的财政统筹，在养老保险作为职工福利支出时，从某种程度上是职工工资收入的部分返还，或者说是低工资的补偿。但是，随着"放权让利"政策的实施，中央财政开始变得捉襟见肘，1979 年出现了巨额的预算赤字，高达 GDP 比重的 3.4%③，这些必须由中央财政承担的债务加大了中央政府的压力。为了调动地方政府增收节支的积极性，从 1980 年起我国开始了长达 13 年的地方财政"包干制"。紧接着是为了改革国家与国营企业的利润分配关系，开始了以"利改税"为中心的企业分配制度改革。随着 1983 年国务院批转财政部制定的《关于国营企业利改税试行办法》，这种"利润留成"和"财政包干"制度彻底改变了国家和企业之间的财务关系。

因此，在这种中央政府和国有企业的财政关系发生变化之下，企业开始自我承担养老保险责任，使得企业社会保险费用的支出开始和企业的生产经营状况关联起来。无疑地，这加重了国有企业财务上的压力，也加重了企业

---

①② 宋宝安：《吉林省实行统一的社会保险管理体制的成效、问题和对策》，载《社会科学战线》，1995 年第 3 期。

③ 吴敬琏：《当代中国经济改革教程》，上海远东出版社，2012 年版。

生产经营管理者身上的担子，使长期处在国家财政庇护下的企业财务制度难以应付，作为社会福利支出的主体，养老保险制度必将走向新的财务征收模式，以适应财政体制改革的要求。

4.3.2.3　恶化了国有企业的竞争力

随着"统收统支"的财务管理模式被废止，企业缴纳社会保险费已经不再是国家的责任，变成纯粹的企业行为，这样就造成了不同企业之间因为退休职工的多寡导致了养老负担的畸重或畸轻，影响了不同企业之间的竞争了。尤其是伴随着非国有经济部门的成长，这些用工灵活的新兴企业根本没有任何养老负担，在投入同样生产成本的情况下肯定会产生更多的利润，这样就使得国有企业输在了市场竞争的"起跑线"上。久而久之，就形成了新、老企业之间不正常竞争的恶性循环，愈是老的企业愈是举步维艰，最终陷入破产的境地，而新兴企业或养老负担包袱小的企业就愈发显出竞争优势，这在崇尚竞争的市场经济环境之下，使得国有企业更是出路无门，导致有的国有企业甚至难以发放在职职工的工资，更遑论退休职工的养老金。

这其中的原因主要是由于劳动用工制度的长期僵化，企业不能根据市场需求变化和自身经营状况自主裁员，进了企业就等同于拿了"铁饭碗"，在"只进不出"的用工情况下，很多企业开始出现人口老化现象，加之计划经济体制"企业办社会"的传统，各种福利开支自然加重了企业的负担，使很多企业连企业职工社会福利负担都应接不暇的情况下，不可能产生很强的市场竞争力。市场竞争力的不足导致企业利润的下滑，企业利润的下滑必然冲击养老保险制度所赖以生存的"营业外列支"的财务基础。

4.3.2.4　冲击了"国家－单位"保障模式的制度基础

我国"国家－单位"保障制养老金制度的经济基础是"统收统支"的计划经济体制，国家财政和企业财务一体化关系，实际上把每个企业的养老保险置于整个国家这个"大风险池"之中，而随着改革开放政策的实行，特别是"利润留成"和"财政包干"等政策的实施，国家财政和企业财务的关系被重新调整，使"国家"和"单位"实现了分离，同时也把养老保险局限在企业这个"小风险池"里面。这种变化实质上是动摇了"国家 –单位"保障制养老金所赖以生存的制度基础。这等于是宣告了由单位支撑的传统养老保险制度不再有稳定的组织基础和经济基础①。

　　而在市场经济体制之下，每个企业都是"自我经营、自负盈亏"的主体，失去了国家保护的企业必将在追求企业利润中寻求自己的出路，使得单位自身不可能，也没有能力承担本企业职工养老的负担，"企业办社会""单位包办社会福利"等计划经济时代的企业包袱必将被抛弃，这也就从根本上动摇了单位保障制养老保险制度的基础，呼唤建立新的养老保险制度，以适应市场经济体制的要求，把企业从养老等社会福利负担中解放出来，推动社会生产力的快速发展。所以，经济体制改革打破了养老保险制度所赖以生存的经济和社会基础，同时作为国企改革的重要配套措施，为解除对企业发展的束缚，对养老保险制度进行改革和调整势在必行。

4.4　小　　结

　　通过对传统养老金制度的分析，可以清晰地看出它的"国家 –单位"保障制特征，在这种特征之下，它的从属性、依赖性、封闭性一览无余，这是与当时国营经济一统天下的经济格局分不开的。在计划经济体制之下，企业不是一个独立的生产经营单位，而是行政指令的执行机构。国家通过遍布全国的企业单位实施行政指令的统一计划安排，同时也通过这些机构来分配社会资源，职工的退休金就是这种社会资源的一种。由此可见，当时的养老保险制度不是严格意义上的社会保险制度，因为它不是一个独立的制度，只是国家行政指令链条中的一个环节，是在履行国家进行资源分配的某些职能。

　　但是，传统养老金制度是计划经济历史条件下的必然产物，在当时对经济社会的发展和政权的平稳过渡确实起到了不可磨灭的积极作用。从当初建

---

　　①　郑功成：《中国社会保障制度的变迁与评估》，中国人民大学出版社，2002 年版。

国的国际环境看，我国不可避免地选择了苏联的高度计划经济模式，作为计划经济体制的附庸，养老金制度也就顺理成章地选择了"国家－单位"保障制；从所有制结构看，国有经济占绝对统治地位，形成了国家包办企业，企业包办社会（福利）的局面，那么职工的退休金自然地就被纳入这种"包办"链条之中；从收入分配体制来看，"低工资、高福利"的收入分配制度自然要以福利的"包办"来补偿。由此可见，我国传统的养老保险制度是历史条件的产物，当这种历史条件发生变化时，注定与之适应的制度本身也必将做出相应调整。

随着十年"文革"的结束，百废待兴的社会经济状况呼唤新的政治经济体制来收拾混乱局面。在这种背景下，我国开始了对经济体制改革的探索。改革首先从扩大企业的经营自主权开始的，而扩大企业经营自主权虽然给企业提供了"利润留成"空间，却减少了中央财政的收入，在这种情况下我国又开始了"财政包干"的试点，加上1983年"利改税"财务体制的改革，以单位利润为资金来源的养老保险制度开始出现支付困难的现象。而伴随改革的进一步深入，传统养老保险制度与现代市场经济体制越来越显出不适应性。可以说，这时的养老金制度已经不再是提高职工劳动积极性，促进企业发展的动力，反而成为阻碍我国改革开放进一步向前发展的巨大阻力。

总而言之，虽然1984年之前的改革还没有深入政治经济体制的基础，实际上仅限于浅层次的表面改革，但是国家与企业之间财务关系的调整或者说分离，以及劳动用工制度的松动等变革，却切切实实地晃动了传统养老金制度所赖以生存的基础，迫使各地对养老金制度进行改革探索，从而催生了我国养老金改革的萌动。

第5章

渐进改革和试点先行：养老保险制度改革的探索（1984～1990 年）

20 世纪 80 年代中期，随着社会经济矛盾的日益加剧，我国经济体制改革的重心开始从农村转向城市、体制外转向体制内、局部改革转向全面改革的探索。而随着时间的推移和市场化改革的逐步推进，计划经济体制逐步深入向市场经济体制转轨，在这个过程中，我国的社会经济结构和运行机制也跟随发生了翻天覆地的变化。"皮之不存，毛将附焉？"传统养老保险制度作为计划经济的附庸，自然失去了赖以生存的基础，随之也开始了改革的探索。

第一，经济体制改革彻底动摇了传统"国家－单位"保障制的经济和社会基础。市场经济把国家和单位在财务和管理上的密切联系切割之后，失去了国家保障的单位福利自然就难以生存下去。尤其是 20 世纪 80 年代中期把经济体制改革的重点转到城市之后，使原来国有经济一统天下的经济格局，转变为多种所有制并存发展的新局面，进而导致社会结构发生了深刻的变化，经济主体多元化和劳动用工市场化造成了企业单位与政府之间、个人与单位和国家之间的利益格局由一致性走向分离。以上的这些变化必然对传统"国家－单位"养老保险制度的经济和社会基础造成巨大的冲击，迫使国家根据新的经济和社会形态对传统养老金制度进行重大调整。否则，不仅会恶化社会的矛盾、激化社会冲突，而且十分不利于甚至会阻碍改革开放的进一步推进。

第二，传统养老金制度自身存在的缺陷也在倒逼着必须进行制度改革。一是封闭运行的制度缺乏社会统筹和调剂功能，致使各个企业单位之间造成了畸轻畸重的养老负担，如不及时调整必然会危及企业的生存发展，还会造成社会极大的不公平；二是传统养老金制度仅覆盖全民所有制企业的工人，而面对就业人数日益增多的城镇集体工、劳动合同工，如果不能做到制度覆盖，必然造成新的矛盾和带来制度上的不公平；三是"文革"结束后得到恢复重建的养老金制度使退休人员急剧增多，在缺少社会统筹基金支持的情况下，极易成为压垮企业的稻草。因此，传统养老金制度在新形势下的改革势在必行。

第三，改革开放给我国带来了新的认识。20世纪80年代以来，在世界范围内养老金改革成为潮流。本来，养老金制度就是经济发展的产物，这种本质属性必然使养老金制度跟随经济发展的形式而做出相应调整，这在世界养老金发展史上已经得到反复验证。同时也说明了，养老金制度模式绝不是一成不变的，而是应该随社会经济形势的变化而做出相应调整。在我国打开国门以后，使我们看到了世界上不只是国家保障制一种养老金制度。所以，意识形态上的开放和经济形态上的转变给养老改革的探索打下了基础。

在上述时代背景和传统养老金自身制度结构存在重大缺陷之下，进行养老金制度的改革调整，已经不是要不要的问题，而是怎么做的问题。所以，在客观而严峻的形势面前，我国开始了对养老保险制度改革的探索。

5.1　改革探索的时代背景：渐进式改革的全面展开

在国营企业实行"放权让利"的试点失败之后，我国开始了在体制外的"增量改革"，经过几年的发展，"增量改革"取得了显著成绩，农村土地经营承包责任制的实行、民营等非国有经济的快速发展给我国的改革开放事业带来了巨大活力。但是，这种体制外的蓬勃发展解决不了体制内众多国有企业的困难。所以，在1984年10月，中共中央在十二届三中全会通过了《中共中央关于经济体制改革的决定》，提出了要加快经济体制改革步伐的要求，并把改革重心由农村转到城市，使国有企业改革成为整个经济体制改革的中心。由此，全面开启了我国渐进式改革的大幕。

之所以把我国的改革称为渐进式改革，是与几乎同时进行的中东欧原社会主义转型国家所采取的改革方式而言的。这些与我国具有同样计划经济背景的原社会主义国家，经济体制改革大多采取的是将国有企业迅速私有化的激进改革，或者称为"休克"疗法。而我国采取的是逐步推进式的增量改革，其标志先是"放权让利"，后是"增量改革"，最后才是"全面改革"。所以，我国走的是"摸着石头过河"式的渐进主义路线。这也在某种程度上决定了我国养老金制度改革，也会采取先"试点"，后"选择"，再"定型"的渐进路线。

5.1.1　"增量改革"的成就及局限

当国营企业改革陷入困境之后，国家领导人不得不采取变通的方法，把改革的希望放在非国有经济方面，同时把改革的重心转向农村，其中最重大的举措是农村土地承包经营责任制度的落实。在 1980 年 9 月中央批转《关于进一步加强完善农业生产责任制的几个问题》之后的两年内，家庭生产经营承包责任制就取代了人民公社时代的"三级所有、队为基础"的农村土地制度，从此农村气象焕然一新。以此为契机，我国的乡镇集体所有制经济也蓬勃发展起来了。在 1981 年集体经济占工业总产值的比重为 22.4%[1]，到 1990 年就上升到 35.6%[2]。这标志着我国采取了一种有别于原东欧社会主义国家以国企改革为主的改革新策略。吴敬琏把这种改革战略称为"增量改革"或"体制外先行"战略。这是因为此种改革战略不是在国有部门采取重大改革步骤，而是把改革的重点放到非国有部门中去，在那里创建以市场为导向的企业，并依托它们实现经济的增长[3]。实施增量改革的十多年间，我国民营经济在国民经济中所占的比重从 1/5 增长到 1/3 以上[4]。

---

[1]　国家统计局：《中国统计年鉴（1981）》，中国统计出版社，1982 年版。
[2]　国家统计局：《中国统计年鉴（1992）》，中国统计出版社，1992 年版。
[3]　吴敬琏：《当代中国经济改革教程》，上海远东出版社，2012 年版。
[4]　资料来源：根据 1978 年和 1990 年《中国统计年鉴》整理。

然而，实行"增量改革"的一大弊端是在保持国有经济主导地位不动摇的基础之上，促进非国有经济的发展，这样必然导致了计划经济和市场经济并存发展的状况，即我们通常所说的生产资料和价格的"双轨制"。简单地说，"双轨制"就是在计划调拨轨道之外开辟的物资流通的"第二轨道"。由于本书不是专门针对我国经济改革研究的文章，故在此不再论述"双轨制"的利弊得失，只能说它是不完全市场经济条件下必然产生的附属品。公平地说，它在改革初期的确促进了民营企业的发展，但是随着改革的逐步深入，其弊端就日益显现出来了，反而成为改革进一步深入进行的一大羁绊。这说明，"双轨制"的产生或存在证明了我国当时的改革不是一场全面而彻底的改革，而是一种局部而浅层的改革，同时也证明了我国改革开放策略的渐进性。

5.1.2 国有企业改革的逐步深入

鉴于"双轨制"改革带来的消极后果越来越严重，由局部市场化改革转向全面改革的呼声在 20 世纪 80 年代中期愈来愈强。因此，在十二届三中全会通过的《中共中央关于经济体制改革的决定》中，提出要"加快以城市为重点的经济体制改革的步伐"，以及大力"发展社会主义商品经济"的决定。《决定》预示着国有企业改革的全面展开，最主要的是要求企业"独立核算、自负盈亏"。这一改革决议对养老保险体制的影响非常巨大，从而推动了养老金制度改革的探索。这也是本书为什么把 1984 年作为我国开始探索养老金制度改革的依据。

为落实《决定》和 1985 年出台的《中共中央关于制定第七个五年计划（1986～1990）的建议》，1986 年底国务院颁布了《关于深化企业改革、增强企业活力的若干规定》，提出围绕企业经营机制这个中心来深化改革，经过一年多的探索，最终承包经营责任制作为一种被广泛接受的方式，在全国迅速推广。到 1987 年，全国预算内工业企业实行承包经营责任制的占 78%，包括 82% 的大中型工业企业和 61% 的大中型商业企业实行了承包经营责任制[①]。接

---

① 刘永泽：《国有企业改制及其相关问题研究》，东北财经大学出版社，1998 年版。

着 1988 年 2 月国务院又颁布了《全民所有制企业承包经营责任制暂行条例》，对国有企业承包经营的原则和形式做了具体规定。虽然这种改革方式在改变企业吃国家大锅饭和调动企业生产经营积极性方面取得了一定成绩，但是仍没有从根本上激发出企业生产经营的活力，究其原因是承包制本质上是企业向国家上缴利润的一种方式，是对国家和企业之间分配关系的一种尝试，这种结果必然要求进行更深层次的改革。但是它对养老保险制度的影响却是巨大的，这种国家与企业间利益的新型分配关系，愈来愈对养老金制度造成冲击。因为养老金支出的多寡直接影响着"财政包干"体制下企业的利润，这样就在企业层面进一步为养老金制度改革提供了动力。

5.1.3　财政税收体制的改革

一般来说，社会保障被认为是社会收入的第二次分配。既然是收入分配，那么与其关联最强的是一个国家的财政税收体制。所以，谈到养老保险绝对不能忽视财政税收制度的安排。在我国改革开放的政策中，财政税收制度的改革也是较为重要的一环。一个国家的财政税收体制往往也决定着社会保障制度的运行模式。例如，崇尚自由竞争，实行低税率制度的美国，其社会福利是"残补型"模式，即只保障低收入阶层的基本生活；相反，讲求社会团结，实行高税率的瑞典，税率接近 50%[1]，其社会福利是"普遍型"模式，即每个公民都能够享受较高水平的保障。

为了能较为清晰地看清楚我国财政税收体制的变迁，让我们先回到传统养老保险制度赖以生存的计划经济体制下的财政税收制度。新中国成立后，我国迅速建立了适合计划经济体制的财政税收体系。它的特点包括：一是把政府公共财政和企业财务合二为一，组成统一的国家财政系统。因为我国财政是"建立在生产资料公有制基础之上，全国经济都归国家统一领导，所以财政不仅包括生产领域外的分配关系，也包括生产领域内的分配关系，形成了一个包括国家预算、银行信贷和企业财务在内的社会主义财政体系"[2]；

---

[1]　数据来源：Country statistical profile：Sweden 2011－2012。
[2]　马洪、孙尚清：《经济管理大辞典》，中国社会科学出版社，1985 年版。

二是政府利用拥有的定价权和国有企业的垄断权，以税收的方式组织预算收入。主要是利用"工农业产品价格剪刀差"将农村集体部门创造的利润转移到国有商业企业，然后再通过国有企业的利税上缴到国家财政，从而几乎把国民经济的剩余全部纳入国家预算；三是财政税收的高度集权。1950 年 2 月召开的全国财政工作会议通过了"统一全国财政经济工作"的决定，从此建立了"统收统支"的财政体制，规定全部税收都归中央政府调度使用[①]。尽管在后来建立了中央、省、县三级预算体制，下放了一些预算权力，但总体上的预算体制仍是集中。根据以上财政税收体制的特点，我国在当时建立"国家 – 单位"保障制的养老保险制度是有制度依据的。

改革开放后，为解决中央财政的困难和调动地方增收节支的积极性，中央开始了财政税收体制的改革。鉴于 1979 年严峻的财政形势，国务院决定除三个直辖市之外，从 1980 年起全面推行"分灶吃饭"的财政体制改革。"分灶吃饭"的实质是合理划分中央、地方财政的收支范围，但是在执行过程中却暴露出了既没有解决中央财政负担，又助长了地方保护主义的缺点。在 1986 年尝试"分税制"改革失败以后，1988 年又转向了"财政大包干"。"财政大包干"实质上是"分灶吃饭"财政制度的延续，所以，它也没有从根本上解决中央财政收入持续下降的命运。在这种情况下，国家财政已经不足以支持其应当履行的养老、医疗、教育等社会职责，只能交给地方政府和国有企业单位去应付。因此，在政府中央政府层面也就坚定了改革社会保障制度的决心。

分两步走的"利改税"改革彻底改变了国家与企业的财务关系，即将过去税利全部上缴国家财政以及投资也全部由财政划拨的财政体制，改成不同形式的"包干"和"留成"，也就是税收以"包干"形式，投资以"留成"形式。这种改革彻底斩断了国家财政与企业财务相互依存、共生共存的连带关系，换句话说，就是铲断了"国家—单位"保障制所依赖的国家、单位一体化的财务基础，逼迫决策者要探索与新型财务关系相适应的养老保险制度。

---

① 吴敬琏：《当代中国经济改革教程》，上海远东出版社，2012 年版。

5.2　养老保险制度的被动改革

制度与其所处的环境总是要相适应的，养老保险也绝不能例外。计划经济时代诞生了与其相适应的"国家－单位"制养老金，那么，在市场经济时代也必将产生与其相适应的养老金制度。正如青木昌彦所说："一个体系的各种制度具有战略互补性，某一项或几项制度发生变革，其他制度要么进行相应的变革，要么就会与新制度不相配合，对新制度体系产生阻碍作用①。"因此，社会经济制度总是相适应的，应该是整体推进的，即便社会制度总是要滞后于经济制度。但是，如果太过"滞后"必将影响或阻碍经济制度的发展。事实也的确如此，面对汹涌的改革大潮和日益变化的社会结构，我国的养老保险制度不改革也不行，因为它与当时的经济形态和社会结构存在太多的不适应性。

5.2.1　社会经济环境的变革

历史制度主义的分析方法特别重视制度所置身的社会经济环境，当这些环境发生变化时，制度所能发挥的功能和影响也必将发生变化。改革开放政策给我国带来了整体上的经济转轨和社会转型，其中与养老保险制度最密切相关的是经济转型带来的国家和企业间财务关系的变化，以及由社会转型带来的劳动用工制度的变化。说到底，任何社会保险制度都是以财务为基础的，有什么样的国家财政税收体制就可能有什么样的保险制度。同时，养老保险制度是解决劳动工人的后顾之忧，当劳动用工制度不再局限于国家固定工时，养老金制度就要加以调整，以适应劳动用工方式的灵活性，从而实现社会保险作为一项社会制度的真正目的。

---

① ［日］青木昌彦、奥野正宽：《经济体制的比较制度分析》，中国发展出版社，1999 年版。

5.2.1.1　经济体制改革动摇了传统养老金的财务基础

对传统养老金制度的财务基础影响最大的是 20 世纪 80 年代中期进行的"利改税"改革，因为它基本上斩断了国家财政和企业财务之间的联系，也从而铲除了"国家－单位"保障制所依存的制度基础——"统收统支"型"大锅饭"财政模式。

要想厘清经济体制改革对养老保险财务基础的冲击，还应先回到计划经济时代养老保险与企业的特殊关系上来。自从 1969 年财政部通知停止提取劳动保险费，其待遇开支改由企业营业外列支以后，我国的劳动保险制度从此就失去了社会调剂功能，彻底沦为了企业保险。传统的劳动保险之所以能够沦为企业保险的根本原因是全民所有制经济制度。由企业营业外列支的保险待遇，其实是用企业的利润支付，这对当时的企业几乎没有任何影响。因为在当时的经济体制下，企业的利润要全部上缴，而亏损则由国家财政来拨付，这样企业能够在总体上获得平衡。换言之，企业名义上是独立核算，但它不是自负盈亏，因为企业财务是政府财务的下延，企业的福利支出最终需要国家财政来兜底。由此可见，这一时期的企业保障实质上是国家保障。传统养老保险制度之所以能够做到这一点，是因为当时的全民所有实际上国家所有制体制，在这种制度下，企业和国家是一体的，因此可以通过企业来实行国家所规定的公共目标[1]。

20 世纪 70 年代末期开始的城市经济体制改革的一个重要内容是对国有经济的重构，其主线是改变企业与政府的一体化关系，使企业不再依附于政府，从而成为独立的经济单位，以激发企业的活力。而经过"放权让利""财政包干（利润承包）""利改税"三个阶段后，企业变成了独立的经济核算单位，利润完全变成了企业自身的事情。自此，国家与企业的财务关系完全改变了。变成独立核算单位后的企业，其福利开支就不再只是形式，而是实质的内部财务开支。因此，养老保险就开始与企业利益处在直接冲突的地位了。

---

[1]　冯兰瑞等：《中国社会保障制度重构》，经济科学出版社，1997 年版。

独立核算后的企业单位，在改革过程中因经营状况的不同而面临苦乐不均的局面。对一些大企业来说，因为大数法则的缘故，养老金的支付还不算是沉重负担。但是对小型企业或是亏损企业来说，养老金的支付就会陷入困境，因为一方面职工的退休金必须支付；另一方面企业又确实没有能力进行支付。在这种情况下，企业只能采取变通的方法，或者是降低支付标准，或者是延期支付，再者就是想方设法获得国家的支持。即便这样，随着改革的深入，支付不起养老金的现象也越来越多，特别是一些亏损严重的企业，因为无法支付退休金而不得不减发或停发养老金，造成退休职工上访的事情时有发生，甚至发生过退休职工上吊自杀等极端事件。

总之，经济体制改革直接冲击了传统养老保险制度的财务基础，使得它们在新的经济形态下很难再继续运作下去，必须建立与新的财务模式相适应的保险制度，方能拯救这个摇摇欲坠的传统保险制度。

5.2.1.2　劳动用工制度的改变呼唤新制度的出台

我国城市经济体制改革的核心是通过转变企业的经营机制来提高企业的活力，其实"放权让利"以及"财政包干"等公共改革措施的实质就是扩大企业在人、财、物，产、供、销方面的自主权。但是这些方面的改革总是遇到福利方面的阻碍，其中一大障碍就是劳动用工制度的改革。

众所周知，原国有企业之所以效率低下、人浮于事的一个重要原因是企业用工制度的僵化。在当时单一全民所有制的体制之下，这种用工制度在实践中并没有暴露出太多的矛盾。但是，到 1978 年改革开放以后，随着集体、个体经济、私营企业、三资企业以及各种混合所有制经济的发展，原来单一着眼于全民所有制企业和固定工制度的养老保险制度，就不能适应新情况的变化了。与此同时，在国有企业内部劳动用工制度的改革，意味着企业可以根据市场需要而调节劳动用工，这等于宣告打破了原来的"铁饭碗"制度，动了企业职工的固有"奶酪"，从而增加了企业改革的难度。因为离开企业就意味着失去原来的福利，自谋职业或到其他所有制企业就业也得不到相应的福利，这样职工必然难以接受，而想方设法抵制改革。

但是，改革开放要攻坚，企业活力要提高，国家不得不对劳动用工制度进行改革。1986 年 7 月，国务院发布了改革劳动制度的四项规定的通知：《国营企业实行劳动合同暂行规定》《国营企业招用工人暂行规定》《国营企业辞退违纪职工暂行规定》《国营企业职工待业保险暂行规定》。这四个行政规章的发布，对国营企业劳动用工制度的改变起了很大作用。一是建立了劳动合同制度。自此以后，国营企业所招用工人，不管是长期工人，还是 5 年以下的短期工、1 年以内的临时工和季节工，一律签订劳动合同。因此，这种新型用工制度完全不同于原来的固定工制度，也即就业不等于获得了终身的保障。二是企业招收工人应向社会开放，采取公开招募的方式，不得再实行子女"接班"的办法。三是为了加强劳动纪律和增强企业活力，企业可以对违反纪律和工作效率不高的职工予以辞退；第四，承认了失业现象的存在。

以上规定说明，劳动合同制用工制度已经不再是计划经济体制下的"终身制"和"铁饭碗"，而是与市场经济灵活用工相适应的"契约制"。换言之，这种劳动用工制度的结构性改变，使得过去享有照顾范围最多、项目最广的国营企业职工不能再终生享有"企业"福利的保障，而是把职工福利推向市场、社会来解决。加之，在多种所有制企业就业的工人越来越多，这些就业人员在无法参加传统养老制度的情况之下，养老问题基本不可能得到解决。所以，必须要建立新的养老保险制度，以适应新的经济发展形式和劳动用工制度。

5.2.2　养老保险制度的内在缺陷

因应计划经济体制运行要求而诞生的传统养老金制度，在计划经济时代确实为当时经济发展和社会稳定做出了巨大贡献。但是，功能的发挥和贡献的做出不代表不存在制度的缺陷，针对此点本书在第四章已有论述，本节之所以重新提到这个问题，意在进一步挖掘其在新的社会经济环境之下的缺陷，以证明它的不适应性和被动变革的原因。回过头来讲，它能够平稳运行 30 多年的原因，主要是当时的社会条件掩盖了制度的缺陷和弱点，即在当时是与社会经济环境相适应的。可是到了 20 世纪 80 年代经过市场经济的

"洗礼"之后，社会经济环境的改变使得制度的缺陷自然地暴露无遗。

5.2.2.1　单一制度无法适应市场经济灵活的劳动用工制度

传统养老金制度是以国营企业的固定工为主要保障对象。在 1953 年，公私合营、私营和合作社经营的企业还被规定适用于《劳动保险条例》。但是到了 1958 年，《国务院关于工人、职员退休处理暂行规定》第 13 条就已做出明确规定："本规定不适用于手工业生产合作社、运输合作社和未定息的公私合营企业的人员。"显然，这一规定与当时所有制结构相适应，因为其他一切非全民所有制经济，都要经过社会主义改造，逐步过渡到单一全民所有制经济。在这种国有经济"一统天下"之时，除集体经济体制一息尚存之外，其他所有制形式的单位几乎都不存在，所以这种单一制度的缺陷还没有较为明显地显露出来①。

1978 年改革开放之后，随着"增量改革"战略的实施，多种所有制体制企业如雨后春笋般地涌现出来，在此类企业就业的人数也急剧增长起来，特别是 1986 年劳动合同制用工制度的确立，从法理上承认了这种就业形式的合法性。这就把大量的合同制工人和非全民所有制企业劳动者的养老保险问题摆在了中国的养老金制度面前。因为如果此类企业的职工无法得到应有的养老保障，对解除职工的后顾之忧，大力促进社会主义市场经济发展是极为不利的。这一状况给我国的退休养老制度提出了一系列的新问题，说明单一适应于全民所有制企业的传统养老金制度已经不再适用市场经济体制的要求。

5.2.2.2　制度依赖性强，社会化程度低

前文已经论述过我国传统养老金制度的依附性质。当传统制度所依赖的宏观经济基础——计划经济体制变革为市场经济体制，微观经济基础——单位制企业转变为现代企业制度时，制度也就失去了它所存在的基础。所以，在新的经济社会环境下，这种依附于企业，缺乏社会化支持的养老制度必将

---

① 谢建华、巴峰：《社会保险法学》，北京大学出版社，1999 年版。

面临被革命的命运。众所周知，企业保险本质上不属于社会保险，而是带有企业福利性质的分配制度。因为它违反了保险的大数法则，在斩断国家财政与企业财务直接联系之后，失去大数法则统筹调剂的多数企业根本无法保障职工的养老风险，使得职工的养老保险权益受损无疑。

制度的依附性也决定着社会化程度必将很低，这个"低"的表现主要体现在一是缺少社会保险费用的统筹机制；二是保险经办服务管理没有实现社会化。一方面，缺少社会保险的统筹机制是因为"文革"期间社会保险费用的统筹机制被废止，这种状况在"文革"结束以后被延续下来，退休养老费用仍由各企业单位自行开支，没有任何的社会调剂基金支持这种"各自为战"的企业保险。这样就造成了各个企业的负担不均，退休职工较少的年轻企业负担轻些，退休职工多的老企业负担就会很重，甚至威胁企业的生存，更不用说企业之间的公平竞争。另一方面，由于缺失社会化服务机制，企业长期经办本应由社会保险机构办理的工作，这在很大程度上加重了企业的负担，也束缚的企业发展的手脚，十分不利于企业作为一个经济实体功能的发挥。

5.2.2.3　制度重建后带来的养老金支付压力日益沉重

随着 1978 年《办法》这一文件的颁布，"文革"期间遭受破坏的传统养老金制度开始恢复重建。由于"文革"期间社会保险制度的停办，积压了大量应退未退人员，导致在刚恢复重建的前几年，我国退休人数急剧增加，相应的养老费用的支出也在飙涨。1978 年的退休职工人数为 314 万人，退休费用开支 17.3 亿元，在职职工和离退休人数的比例为 30.3：1，而 1979 年退休人数急速增长到 596 万人，费用也增加到 32.5 亿元，这时的赡养比是 16.7：1，一年间退休人数和费用几乎都增长了一倍。在接下来的年份里，我国退休人数和费用支出也是连年增加，到 1991 年我国开始建立养老保险的社会统筹制度时，退休人员已经急剧增长到 2433 万人，费用支出 554.4 亿元，赡养比也下降到 6.0：1[①]。

---

① 国家统计局人口与就业统计司、劳动部综合计划与工资司：《中国劳动统计年鉴（1994）》，中国劳动出版社，1994 年版；国家统计局：《中国统计年鉴（1994）》，中国统计出版社，1994 年版。

这种退休人员急剧增加，退休费用快速增长，导致赡养比又迅速下降的局势，如果单纯依靠过去国家和企业的养老保险筹资模式，势必造成养老保障的困境。加之国营企业经营形势的恶化和人口老龄化社会的到来，不进行养老保险制度的变革，不仅会使养老保险制度本身难以为继，也会进一步制约我国经济的发展。

5.2.2.4　制度内负担的不公平

经济体制改革的主要内容是从计划经济体制转向市场经济体制，主要目的是转变经营机制，增强企业经营活力，实现国民经济的增长，其核心是企业进入市场竞争。但是，企业进入市场需要公平的竞争条件。事实上国有企业在同用人机制灵活的非国有经济在竞争中已经处于劣势，即使在国营企业内部，由于各个企业人员负担不同，也造成了国有企业之间不平等的竞争关系。

这种不平等首先表现在新老企业退休费用的支出上。随着改革的逐步深入，各个企业之间退休养老负担不均的矛盾也越来越明显。在当时，纺织、粮食、盐业等行业中的老国企，退休费用相当于工资总额的50％，有的企业甚至超过工资总额的100％；而在一些新兴行业或新建企业中，如电子、仪器、化工等企业，退休养老费用不到工资总额的5％，有的企业甚至为零①。两相一比较，退休养老负担孰轻孰重一目了然，这就为企业发展带来了沉重负担，同时也为本企业内部养老事务的正常运转带来很大羁绊。

除国企内部存在不平等竞争之外，在同其他所有制企业竞争中，国有企业也因为福利养老负担的过重处于不利地位。因此，面对这种不公平的局面，又不可能通过削减国有企业职工的福利来解决，只有通过提高企业社会化的程度，利用大数法则，建立适用范围广泛的社会养老保险，筹集更多的养老保险基金来调剂使用，以分化国有企业的养老负担。

以上这些制度结构本身存在的缺陷，不仅使制度本身的发展难以为继，更重要的是严重束缚了企业发展的空间，企业不能发展就无法为养老基金提

① 冯兰瑞等：《中国社会保障制度重构》，经济科学出版社，1997 年版。

供支持，这样又进一步阻断了制度自身的修复功能，使得制度和制度依存的经济环境陷入恶性循环。所以，解除企业发展的束缚和促进制度本身的发展，在养老保险方面只有变革当前的制度，才是适应新形势发展的明智之举。

5.3　养老保险制度改革的试点

20 世纪 80 年代中期，随着计划经济体制向市场经济经济体制转轨的逐步深入，我国社会经济结构和经济运行机制发生了颠覆性的变化。在这场伟大的变革中，我国养老保险制度也面临非变不可的命运。因此，探索和建立适应社会主义市场经济体制要求的养老保险制度，就成了这一时期紧迫而艰巨的任务。

于是，在 1986 年全国人大通过的《中共中央关于制定国民经济和社会发展第七个五年计划》中，指出了社会保障制度改革和创新的必要性，要在"七五"期间建成"具有中国特色的社会主义社会保障制度雏形"，而且"要通过多种渠道筹集社会保障基金，改革社会保障管理体制，坚持社会化管理与单位管理的机制"[①]。与此同时，国家积极宣传社会主义初级阶段理论，预示着国家开始放弃"按需分配"的共产主义理想，逐步确立"实事求是"的务实思想，鼓励"按劳分配"的价值观，以及呼吁人们抛弃"大锅饭"心态。由此，引发了一系列关于国家、企业、劳动者在社会保障制度方面应承担何种责任的重新思考和大讨论[②]。

在这种时代背景下，要继续坚持传统"国家－单位"保障制养老金制度已经不现实，因为各个单位的性质已经发生变异，社会成员也分化为不同的阶层，其对社会保障的需求亦非一致[③]。因此，从 20 世纪 80 年代初期开始，我国就已经开始在一些城市或地区如大连、保定、杭州、深圳等养老金

[①]　王占臣、任凡：《社会保障法全书》，改革出版社，1995 年版。
[②]　Davis, Deborah. , 1988 , "*Unequal Changes, Unequal Outcomes：Pension Reform and Urban Inequality*", The China Quarterly, 108：223－242.
[③]　郑功成：《中国社会保障制度变迁与评估》，中国人民大学出版社，2002 年版。

改革的试点探索。但是，本书认为 1984 年 10 月中共十二届三中全会通过《中共中央关于经济体制改革的决定》，提出加快经济体制改革的步伐之后，严格意义上的试点探索才算开始。因为在整个 80 年代，我国几乎所有的社会改革都是围绕经济体制改革而进行的，换言之就是为经济改革的配套，在决定进行经济体制改革之后，必将带动社会政策方面的改革，当然社会保障制度改革位列其中。

5.3.1　集体企业职工养老保险制度的探索

在计划经济时代，社会保险只在国有单位实行，集体企业并没有实行劳动保险制度。直到"文革"结束以后，集体所有制企业职工的养老保险问题才得到重视。1977～1979 年间，国家劳动总局、财政部、全国供销合作总社、轻工业部、交通部、卫生部等有关部门发布一系列通知，提出所属集体企业比照国营企业建立劳动保险制度。但是到 1984 年，仍有 1000 多万职工则未能参加劳动保险制度，参加该制度的城镇集体企业职工有 1700 万人，仅占集体企业从业人数的 62.9%①。

国家对这些未能参加社会保险计划的 1000 多万集体企业职工一直比较关切。1980 年 2 月财政部、国家劳动总局发布《关于城镇集体所有制企业工资福利标准和列支问题的通知》，规定从次年 1 月 1 日起，凡是经过省、自治区、直辖市劳动和主管部门批准，征得税务部门同意之后，如果企业条件允许，可以在营业外或者其他费用项目下列支。1982 年 12 月，劳动人事部又在四川省南充市召开了关于建立城镇集体职工社会保险制度的座谈会，交流各地工作经验，这对全国各地试办城镇集体企业职工的社会保险工作，起到了极大的推动作用。而在 1983 年 4 月，国务院又颁布了《关于城镇集体所有制经济若干问题的暂行规定》，要求各地集体所有制企业要结合自身经济条件，适当提取一定数额的社会保险金，逐步建立社会保险制度，以解决集体企业职工的养老保障问题。同时规定社会保险基金的征收要在所得税

---

① 严忠勤：《当代中国的职工工资福利和社会保险》，中国社会科学出版社，1987 年版。

前提取，专项储存、专款专用。这一文件的出台，为解决城镇集体企业职工的社会保险问题提供了依据。

但是到了 1984 年，集体企业的养老保险工作出现了新的探索，国务院要求中国人民保险公司发展城镇集体企业职工的养老保险，使集体所有制企业职工养老保险纳入商业范围①。于是中国人民保险公司和劳动人事部在各地试点的基础上，1984 年 4 月发布了《关于城镇集体企业建立养老保险的原则和管理问题的函》，指出当前紧要问题是解决城镇集体企业职工的养老问题，使其老有所养。在实施过程中，实行的是企业和个人共同缴费，由中国人民保险公司具体经办管理。在中国人民保险公司的积极努力下，到 1991 年底大约有 900 多万城镇集体所有制企业的职工参加了这一养老保险制度②。尽管这个文件倾向于建立一个"半基金"积累式的养老保险制度，但同时指出各地可以按照已经批准的养老保险办法继续执行，这样导致了集体企业养老保险制度在很长时间内多制度并存的局面③。况且，这种"半商业"性质的养老保险待遇也远低于社会养老保险，使得这一"模式"不可能成为城镇企业职工养老保险的主流，随着经济社会的发展，必然需要一种新的"模式"取而代之。

5.3.2　养老保险费用的社会统筹试点

1969 年财政部的一个《通知》，把劳动保险金开支的各项费用改从"从营业外列支"。自此，退休养老费用的社会统筹改为由企业直接支付。"文革"结束以后，由于退休养老制度的恢复，退休人员大量增加，退休费用也相应增大，加上新老行业、新老企业之间退休费用负担不均衡的矛盾越来越突出，导致这种传统的退休养老费用由企业自行负担的"企业保险"制度越来越不能适应经济社会发展形势的要求，所存在的问题和矛盾也日益明显。针对这一问题，特别是在国有企业改革不断深

---

① 冯兰瑞等：《中国社会保障制度重构》，经济科学出版社，1997 年版。
② 国务院研究室课题组：《中国社会保障制度改革》，中国社会科学出版社，1992 年版。
③ 郑秉文、于环、高庆波：《新中国 60 年社会保障制度回顾》，载《当代中国史研究》，2010 年第 2 期。

人的驱动下，从 1984 年起，我国在一些地区开始了国有企业退休费用社会统筹的试点。其实，退休费用社会统筹的思想和政策起源可以回溯到 1983 年劳动部在郑州召开的全国劳动和福利理论讨论会，因为在会上提出了将全民所有制企业的养老保险费用进行社会统筹①。尽管这次不是工作会议，但会议上提出的思想认识为后来进行的费用统筹试点提供了意识上的支持。

1984 年，广东省江门市、东莞市，江苏省泰州市、无锡市，四川省自贡市以及辽宁省黑山县，率先在全国开始了养老保险费用在市、县一级实行社会统筹的改革试点。到 1985 年，广东省有 73 个县实现了养老保险费用的社会统筹，四川省自贡市实行了全市社会统筹，并且推广到了集体所有制企业②。在此基础上，1986 年 8 月劳动人事部起草了《国营企业职工退休费用实行社会统筹的暂行规定》，并于 11 月正式上报国务院，这标志着退休养老保险费用社会统筹试点的正式开始。特别是 1986 年 7 月国务院颁布的《国营企业实行劳动合同制暂行规定》，明确指出劳动合同制工人的养老保险费用实行社会统筹。但是，国家并没有立法强制规定企业加入社会统筹，而是交由市、县级劳动行政部门所设立的社会保险公司经办，督促企业自由加入。据统计，到 1986 年底，全国有 27 个省、自治区、直辖市中的 300 多个县开展了国营企业退休费用社会统筹的试点。到 1993 年，参加社会统筹的职工人数已达城镇就业人数的 45.95%③。

但是，养老保险费用的社会统筹工作涉及社会经济的很多方面，作为一项复杂的社会工作，在试点过程中出现了许多新的情况和问题。主要是一些部门或行业的退休养老待遇比较高，认为参加社会统筹会损害自身利益，所以强烈要求在本部门或行业内统筹。鉴于当时还处于社会统筹的试点阶段，国务院在 1986～1988 年批准了铁路、邮电、水利、电力、建筑等 5 个行业实行养老保险费用的行业统筹。这在当时看来具有一定积极意义，但是随着养老保险制度改革的推进，其后遗症慢慢开始显现。

---

① 冯兰瑞等：《中国社会保障制度重构》，经济科学出版社，1997 年版。
② 宋士云等：《新中国社会保障制度结构与变迁》，中国社会科学出版社，2011 年版。
③ 国家统计局：《中国劳动统计年鉴》，中国统计出版社，1994 年版。

5.3.3 费用多方负担机制的探索

随着劳动用工制度的改革，劳动合同制工人的数量也迅速增加，从1984 年的 209 万人增加到 1986 年的 624 万人[①]。为保障劳动合同制工人的合法权益，搞活国有企业的用人机制，1986 年国务院发布改革劳动制度的四项规定，决定国营企业新招募人员一律实行劳动合同制。在《国营企业关于实行劳动合同制暂行规定》中，除对社会统筹做出明确规定外，还具体规定了劳动合同制退休养老办法，即企业按照劳动合同制工人工资总额的15%，工人按照其工资总额的 3% 缴纳养老保险费。此后，个人缴费制度逐步推广到全部企业的就业人员。作为配套，各地都建立了由劳动部门领导的社会保险经办机构，具体负责劳动合同制工人养老保险费用的征集和管理工作。个人缴费制度的确立，标志着养老保险三方负担机制的雏形开始显现。

养老保险费用的社会统筹和个人缴费原则的确立是对传统养老保险制度的重大改革，它表明了国家对"国家－单位"保障模式的摒弃，以及对建立在责任分担基础上的社会化养老保险制度的追求，也标志着企业化的传统养老保险制度开始向社会化的养老保险制度的转型，使我国的养老保险制度由此进入"去单位化"时代。

5.4 小　　结

1984～1990 年的养老金改革是在我国市场化改革逐步深入的背景下展开的，面对经济社会环境的变革和制度自身存在的缺陷，"国家－单位"制养老金制度不得不被动地进行改革。在这里需要说明的是，被动改革的其中一个原因是改革的方式总是试点先行，然后在摸索中确定改革方案的形成，而不是西方立法先行式的改革。而改革探索的进程亦是以逐步深入的方式：

---

① 转引自郑秉文、于环、高庆波：《新中国 60 年社会保障制度回顾》，载《当代中国史研究》，2010 年第 2 期。

先是对城镇集体所有制企业养老保险制度的探索，以利于扩大覆盖面，保障这部分职工的养老权益；接着是对养老保险费社会统筹的试点以及费用分担机制的探索；最后终于在 1986 年出台的《国营企业关于实行劳动合同制暂行规定》中，使上述两个社会养老保险最主要的原则得以确立并迅速推广。

虽然这一时期的改革是在探索中前行，但取得的成绩确实奠基性的。其改革的逐步"去单位化"倾向，对社会统筹机制的探索，以及国家、企业、个人三方费用分担机制的初步确立，开始了由企业保险向社会互助保险的过渡。与此同时，社会养老保险通过制度创新，开始了养老保险职能和监管的社会化进程，使养老保险责任得以从企业中分离出来。这样就一方面减轻了企业负担，为企业转变经营机制，建立现代企业制度打下了基础；另一方面确立了社会统筹和个人缴费原则，为下一步养老保险制度的进一步改革奠定了基础。

第6章

体制转型和模式选择："统账结合"
模式的形成（1991~2005 年）

社会保障制度作为经济体制改革的配套改革，目的是为经济发展提供良好的社会环境，一旦它变成阻碍进一步改革的障碍时，制度的改革必将被提上议事日程。改革开放在经过 20 世纪 80 年代末期和 90 年代初期几年的沉寂之后，随着 1992 年初邓小平"南方谈话"的发表，我国又掀起了新一轮改革的热潮。在 1992 年 10 月中共"十四大"确定建立社会主义市场经济体制的改革目标之后，1993 年 11 月中共十四届三中全会做出了《中共中央关于建立社会主义市场经济体制若干问题的决议》，《决议》明确提出了养老保险制度改革的方向是"实行社会统筹与个人账户相结合的制度"。

养老保险的筹资模式是制度选择的关键，因为它事关未来养老保险基金能否平衡，从而关系到养老保险制度的生存发展。我国实行"社会统筹和个人账户相结合"的模式，意在融合现收现付制和基金积累制两种养老保险财务模式的优点，用来解决我国养老保险制度改革所面临的问题，目的是既要有利于经济发展，又能保障退休职工的养老权益。

这是因为，随着我国开始正式迈入社会主义市场经济体制建设时期，养老保险制度面临几个重大问题：一是人口老龄化和退休人员增多带来的一系列经济社会问题，这些问题不可能在原来"单一付费"机制下得以解决。二是尽量缓解由计划经济向市场经济转轨带来的社会问题，特别是国营企业的破产、兼并、股份制改造所带来的养老问题，如何利用社会化的管理机制，用以消除其对企业进一步发展的束缚。三是要根据经济发展形式的要求，适时调整各项目的收支情况，以利于经济的健康、平稳增长。这些问题相互交织，要求社会保险制度必须加以调整，以适应社会主义市场经济体制的要求。

以上问题说明，社会结构是社会保障制度的基础，社会结构发生了变化，社会保障制度也要根据变化进行根本性的调整，事实上我国养老保险制度的探索、试点、改革过程，也是伴随着经济体制改革的试点、探索一路走来的。既然我国经济体制的改革目标是建立社会主义市场经济体制，它不仅要求建立自负盈亏、自主经营的市场经济体系，同时也需要健全的社会保障制度作为支持。在这种情况下，我国养老保险制度就在之前探索、试点的基础上，结合经济体制改革的要求，开始了制度模式的选择。

6.1　从提出到统一："统账结合"模式形成的历程

1991 年，我国开始实施《第八个五年国民经济和社会发展计划》，该计划再次强调"七五"计划所规定的社会保障改革和探索原则，同时又特别强调养老保险改革的重要性和紧迫性。在同一年，国务院又在总结各地改革经验的基础上，颁布了《国务院关于企业职工养老保险制度改革的决定》，《决定》是在十多年的改革探索之后，第一次较为明确地指明了改革的方向，也第一次较为系统地改革。其主要改革内容包括[①]：在筹资机制上实行政府、企业、个人三方分担机制；在基金运行模式上既要实行社会统筹机制，也要建立养老保险积累基金，这预示着"统账结合"模式雏形的呈现；在职工个人缴费上，按照个人工资的 3% 缴纳，以后根据经济发展形式和职工工资逐步上调，这预示着个人账户要逐步做大；在养老金的结构上，逐步建立基本养老保险、企业补充养老保险和个人储蓄养老保险相结合的多层次制度，改变过去由国家－单位包办的养老方式。

---

① 参阅：谢建华、巴峰：《社会保险法学》，北京大学出版社，1999 年版。

1992 年 10 月召开的中国共产党"十四大"确定建立社会主义市场经济体制以后，1993 年 11 月召开的十四届三中全会就明确指出了建立多层次社会保障制度的目标，并提出城镇企业职工的养老保险实行"社会统筹和个人账户相结合的制度"。在此政策的指引下，1994 年 5 月，国家经济体制改革委员会组建"社会保障体系专题调查研究小组"，并于 1994 年底提交了以养老保险和医疗保险为主要改革内容的社会保障体制改革方案以及若干分项改革方案①。改革方案所提出的改革原则和方向是："城镇基本养老保险由用人单位和职工个人共同负担，实行社会统筹和个人账户相结合。并且要扩大城镇职工社会保险的覆盖范围，提高社会保险管理的社会化程度"②。

尽管如此，养老保险的改革仍然是对原有制度的调整和完善，对社会统筹和个人账户如何具体实施等关键问题没有取得实质性的突破。为了适应建立社会主义市场经济体制改革的需要，1995 年 3 月国务院颁布《关于深化企业职工养老保险制度改革的通知》（下称：《通知》），作为该《通知》的附件发布了两套"统账结合"的实施办法：一套是体改委制定的"大账户小统筹"；另一套是劳动部制定的"大统筹小账户"方案。并在《通知》中允许各地在两套实施方案中任意选择其一，或者结合本地实际加以改造，所以在实践中，多数省份（16 个省、自治区和 5 个行业部门）制定了第三套方案。《通知》及两套实施方案的颁布，标志着我国养老保险制度从"单位保险"，到"社会统筹"，再到"统账结合"模式的初步形成。但是，在执行过程中，由于多套实施办法并存，导致缴费比例、账户结构和基本费率都不尽相同，可以说在具体实施过程中遭遇了重重困难，严重制约的改革的进程。导致许多地区和行业统筹部门强烈要求在试点的基础上，尽快统一全国的基本养老保险制度③。所以，进一步统一养老保险制度成为深化制度改革的关键。

针对改革过程中出现的制度不统一、统筹层次低、管理制度不健全等问题，1997 年 7 月国务院发布了《关于建立统一的企业职工基本养老保险制

---

① ②　国家经济体制改革委员会：《社会保障体制改革》，改革出版社，1995 年版。
③　康士勇：《社会保障管理实务》，中国劳动保障出版社，1999 年版。

度的决定》，提出了制度改革的统一方案，标志着企业职工基本养老保险制度开始走向统一。其主要内容：一是统一了缴费比例，企业缴费不高于工资总额的 20%，个人缴费不低于 4%，并逐年提高直至达到 8%；二是统一了建立个人账户的资金比例，为职工本人工资总额的 11%；三是统一了养老保险待遇计发办法。自此，社会统筹和个人账户相结合的方式开始走向统一，也标志着我国"统账结合"养老金模式的正式形成。

1998 年 8 月，为结束养老保险分割管理的混乱局面，国务院发出了《关于实行企业职工基本养老保险省级统筹和行业统筹移交地方管理有关问题的通知》，决定将铁道部等十一个原实行行业管理的基本养老保险业务移交地方管理。这样结束了基本养老保险"诸侯割据"的局面。

为解决个人账户不能做实，出现个人账户"空账"的问题，2000 年 12 月国务院又印发了《关于完善城镇社会保障体系的试点方案》，决定在辽宁省开展做实个人账户的试点。该《试点方案》是在 1997 年《决定》的基础上对个人账户部分做了调整：一是企业缴纳的保险费用"不再划入个人账户，全部纳入社会统筹基金"；二是个人账户规模由原来的 11% 调整为 8%，并且完全由职工个人缴纳。

经过几年的试点，国务院于 2005 年出台了《关于完善企业职工基本养老保险制度的决定》，决定将个人账户规模统一由 11% 调整为 8%，并规定要逐步做实个人账户。自此，我国"统账结合"养老金制度模式真正完全形成，并运行到至今。

6.2　政策过程分析：对关键文件的解读

6.2.1　1991 年决定进行养老保险制度改革

1991 年出台《国务院关于企业职工基本养老保险制度改革的决定》（以下简称《改革的决定》）的背景，是 1984 年以来对企业职工基本养老保险制度进行的一系列试点、探索。经过将近十年的探索，主要为养老保险的改革决策提供了以下主要经验：一是城镇企业职工基本养老保险社会统筹的试点工作，预示着"企业保险"将向"社会保险"转变。从 1984 年开始的试点工作先是在市县级的国有企业开展，然后又批准了铁路、电力、邮电、水利、建筑等 5 个部门实行行业统筹。二是实行企业职工个人缴费制度，使养老保险制度由过去的企业完全负担向多方分担转变。1986 年国务院发布关于劳动制度的四项改革规定，决定企业新招募的工人一律实行劳动合同制，并且要求工人开始承担养老保险的缴费责任。自此，个人缴费制度开始推广到全部企业，逐步使之制度化。三是一些企业开始探索企业补充养老保险和个人储蓄养老保险制度，我国养老保险开始了从单一层次向多层次转变。到1991 年，已经有福建、四川、广西等省（自治区）制定了企业补充养老保险办法，并在全省试行①。

以总结试点经验为基础颁发的《养老保险制度改革的决定》，第一次明确提出了企业职工养老保险制度改革的一些基本原则要求：建立基本养老保险、企业补充养老保险和个人储蓄相结合的多层次养老保障原则；实行养老费用三方分担的原则；确立了"以支定收、略有节余、留有部分积累"的养老基金统一筹集原则；要求社会统筹从县市级开始，逐步向省级统筹迈进；养老保险基金专款专用的原则；养老保险费的税前提取原则等。

纵观上述改革决定的原则和要求，可以发现与 20 世纪 50 年代的《劳动保险条例》相比，有以下不同和变化：一是这次改革决定是为了适应经济体制改革的需要，同时也是对 80 年代养老保险改革试点、探索的一个初步总结；二是确立的社会统筹原则和费用的三方分担原则，是为了改变过去"企业办福利"给国家和企业造成的沉重负担，同时克服养老基金没有积累的弱点，以及调动劳动者缴费的积极性并彰显其劳动价值；三是突出强调了国家经办的养老保险只是基础层次的养老保障，企业和个人应力所能及地兴办养老保障事务。总之，这次改革决定的明显目的是减少国家责任，增加社会和个人责任。

---

① 联合专家组：《中国社会养老保险体制改革》，上海远东出版社，2006 年版。

虽然《改革的决定》迈出了中国养老金改革关键的一步，但是远没有解决我国养老保险制度存在的实际问题，仍需进一步出台改革政策文件以指导和规范制度的发展。其主要原因是：

第一，统筹层次仍以县市级为主，离省级统筹直至全国统筹尚有很大差距。

第二，基金积累制度没有真正形成，退休养老费用的计发办法仍然停留在现收现付的待遇确定型体系。

第三，由于工资制度改革的配套没有到位，3% 的个人缴费实质上在很多企业没有实行，也就是三方分担的责任实际上没有形成。

6.2.2　1993 年提出社会统筹和个人账户相结合

20 世纪 80 年代的改革探索和 90 年代初期的养老保险改革决定以及建立社会主义市场经济体制目标的确立，促使国内学界开始研究养老金改革的具体实施方案。在对新加坡中央公积金制度和智利养老保险基金制度的成功经验考察之后，结合我国已有的试点探索经验，以及对世界各国社会保障制度变迁研究的基础上，政府和经济学界逐步形成了对社会保障制度体制改革目标的共识[①]：一是新的制度要根据发展社会主义市场经济的需要出发，从企业体制中独立出来，建立一套独立的制度体系；二是新制度既要体现社会公平，又要具有激励机制，以有利于经济的长远发展；三是鉴于现收现付制弱化了待遇与缴费之间的联系，且不利于储蓄，应吸收智利和新加坡的经验，建立积累制的养老金以取代现收现付制养老金。在这些思想的影响下，十四届三中全会通过的《中共中央关于建立社会主义市场经济体制若干问题的决定》，提出"城镇职工基本养老保险和医疗保险金由单位和个人共同负担，实行社会统筹和个人账户相结合"。

十四届三中全会对我国社会保障改革的影响意义深远。因为它提出了社会保障改革发展的三个方向[②]：一是要建立多层次的社会保障体系；二是未

---

① 参阅：吴敬琏：《当代中国经济改革》，上海远东出版社，2004 年版。
② 参阅：王东进：《中国社会保障制度的改革和发展》，法律出版社，2001 年版。

来的社会保障制度改革，要按照不同类型确定资金来源和保障方式，其中最重要的就是"统账结合"模式筹资体制的首次提出；三是要建立统一的社会保障管理机构，社会保障的行政管理和社会保险基金的经营要分开。

十四届三中全会的一个重大突破是个人账户的设置，形成了社会统筹和个人账户相结合的思想指导。但是，由于经济学家制定政策倾向于一切为经济发展服务，这显然是与当时的社会现实是不相符合的。所以，导致了在1995年制定"统账结合"具体实施方案时，出现了"小统筹大账户"和"大统筹小账户"之争的两个方案，直接导致了各地在具体操作中政策不一的混乱局面。

6.2.3 1995 年出台"统账结合"的实施方案

针对十四届三中全会提出的养老保险改革新原则，1995 年 3 月国务院下发了《国务院关于深化企业职工养老保险制度改革的通知》，该通知的主要内容包括：一是明确提出了养老金改革的目标；二是规定了养老金改革的原则；三是明确规定缴费责任由企业和个人共同承担，实行社会统筹和个人账户相结合。但是为适应各地区的不同情况，对实行社会统筹与个人账户相结合具体方案提出两个实施办法，由各地进行选择，也可以结合本地实际，对两个实施办法进行修改完善；四是其他还包括建立正常的待遇调整机制、建立补充养老保险制度、提高社会化管理的程度、加强养老基金的监管等。

虽然该通知确立了我国基本养老保险制度的"统账结合"模式，设计的初衷也是要实现公平和效率，社会互济和个人保障相结合。但是在具体操作上，由于对"统账结合"模式的认识上没有达成一致，导致出台了个人账户差别迥异的两个实施办法，即体改委提交的"大账户小统筹"方案和劳动部提交的"大统筹小账户"方案。

"实施办法之一"是按照职工工资总额的16%记入为个人建立的基本养老保险个人账户，其中包括个人的全部缴费（3%）和企业缴费的一部分（约为13%，其中8%按照职工本人工资基数记入，5%按照当地职工平均工资为基数记入），企业缴费的剩余部分作为社会统筹基金调剂使用。职工退休后的养老金,按照个人账户的积累额(包括本金和利息)除以 120,按月领取。

"实施办法二"的缴费基数和"实施办法一"相同,但是记入个人账户的费率仅为 2%~5%,其中包括个人缴费的全部或一部分,以及企业缴费的一部分。职工退休后的养老金由社会性养老金、缴费性养老金和个人账户养老金组成。

但是在实施过程中,多数省份是根据本省的实际,在上述两个方案的基础上,形成了自己的修正方案。主要做法是将两个方案结合起来,对其进行折中,形成中等规模的个人账户。例如有的省份将个人缴费的全部和企业缴费的 3% 记入个人账户,这样个人账户规模达到工资额的 11%,而企业缴费的其余部分全部用于社会统筹[①]。职工在退休后,既能领到个人账户基金,又能享受社会统筹基金(约为当地职工平均工资的 25%)。

以上多种实施方案并存的局面,造成了各地在记账方法、待遇计算标准方面存在很大差别,为日后建立全国统一的基本养老保险制度人为地制造了障碍。

6.2.4 1997 年统一社会统筹和个人账户规模

鉴于 1995 年改革所出现的一些问题,特别是两个实施方案并存导致的混乱局面,国务院于 1997 年颁布了《国务院关于建立统一的企业职工基本养老保险制度的决定》(下称:《决定》),要求各地按照社会统筹和个人相结合的原则,在 1995 年的两个实施方案基础上,建立全国统一的企业职工基本养老保险制度。《决定》可以视为多年来我国进行养老改革探索的经验总结和归纳,奠定了基本养老保险制度模式的框架,标志着我国养老保险制度基本实现了制度转型,从原来的"国家 - 单位"保障模式迈向了"统账结合"模式。《决定》根据社会统筹和个人账户相结合的原则,从三个方面对制度进行了统一:

第一,统一了企业和职工的缴费比例。规定企业缴费的比例一般不高于

① 龚贻生:《深化养老保险改革四题》,载《当代社会保障》,1996 年第 4 期。

企业工资总额的 20%，个别省份因为退休人员较多，养老负担过重的，确需超过 20% 的，应报劳动部和财政部审批备案。个人缴费比例，1997 年不得低于 4%，以后每两年提高一个百分点，最终达到本人缴费工资的 8%；

第二，统一了个人账户规模。规定按照职工本人缴费工资的 11% 为其建立基本养老保险个人账户，其中个人缴费部分全部计入个人账户，其余部分从企业缴费中划拨，并且随着个人缴费比例的提高，企业划拨部分应相应逐年下降，最终降至 3%；

第三，统一了养老保险金的计发办法。职工的养老保险金由基础养老金和个人账户养老金两部分组成，其中基础养老金即社会统筹部分养老金按照当地职工平均工资的 20% 计发，而个人账户养老金由个人账户的积累额度除以 120 计发。领取条件是累计缴费 15 年或者累计缴费年限加视同缴费年限满 15 年。针对"老人"仍然实行老计发办法，"新人"则实行完全实行新制度，而"中人"则是实行新办法的基础上，增加一项过渡性养老金，以平衡养老待遇。

虽然《决定》统一了我国企业职工基本养老保险制度，但在改革中也出现一些问题，需后续解决：一是没有明确规定如何解决转轨成本问题。因为没有规定"老人"的养老基金和"中人"过渡养老金的支出渠道，只有先从社会统筹基金中支付，当社会统筹基金不足以支付时，必然要透支个人账户基金，导致存在至今的个人账户"空账"运行问题；二是缴费率的过高带来许多消极后果。例如，一些已经参保企业以各种方式逃费或延缓缴费，这给本来入不敷出的养老基金造成更大的支付危机，而一些尚未参保的企业也会想方设法拒绝参保，给养老保险的扩大覆盖面带来重重困难；三是社会统筹基金和个人账户基金的混合运行，加上做实个人账户工作的迟缓，造成我国的个人账户实质上是"名义账户"；四是统筹层次过低造成了地区间养老负担的极为不均衡。

6.2.5 2005 年"统账结合"模式的定型

在 1997 年统一了基本养老保险制度之后，1998 年通过中央政府的机构改革成立了劳动和社会保障部，从而统一了管理体制，结束了长期分割管理的混乱局面。在这种情况下，国务院于同年8月发出了《关于实行企业职工基本养老保险省级统筹和行业统筹移交地方管理有关问题的通知》，将原来实行行业统筹的十一个部门的养老业务移交所属地方管理。但是管理体制的理顺并没有解决我国养老保险转轨过程中出现的一个关键问题——个人账户的积累问题。由于在制度改革前不存在个人账户，而在改革后又没有明确规定个人账户如何做实，加上社会统筹基金的入不敷出而不得不挪用新近积累的个人账户基金，导致个人账户出现"空账"现象，等于个人账户是有其名无其实。

为解决上述问题，国务院又在总结和评估以往社会保障改革经验教训的基础上，2000年出台了《关于完善城镇社会保障体系的试点方案》，决定在辽宁全省和其他各省的一些地市开展完善社会保障体系的试点，其中规定企业缴费的比例为20%左右，个人账户的比例为个人缴费工资的8%，企业缴费不再划入个人账户，也就是说个人账户的组成全部来自个人缴费。后来又在2004年把试点范围扩大到吉林、黑龙江两省。

到2005年，国务院在总结东北三省关于完善城镇社会保障体系试点的基础上，为了有利于做实个人账户，出台了《关于完善企业职工基本养老保险制度的决定》（下称：《决定》），规定从2006年1月1日起，个人账户的规模统一由本人缴费工资的11%调整为8%，全部由个人缴费形成，单位缴费不再划入个人账户。至此，我国"统账结合"模式的基本养老保险制度才完全定型下来。

与1997年的《决定》相比，2005年的《决定》关于基本养老保险改革的地方有：一是企业缴费部分不再划入个人账户，全部纳入社会统筹基金。二是职工个人的缴费比例为本人缴费工资的8%，全部计入个人账户。个人账户规模由统一由11%调整为8%。三是社会统筹基金与个人账户基金实行分账管理，统筹基金不能占用个人账户基金，并提出逐步做实个人账户的要求；第四，改革了基本养老金计发办法。基本养老金由基础养老金和个人账户养老金组成，其中基础养老金又包括与当地社会平均工资关联的社会平均养老金以及与个人缴费工资挂钩的缴费养老金，这样更强化了社会统筹的意义。

6.3 "统账结合"模式形成的关键时刻：
十四届三中全会的召开

我国基本养老保险制度改革经过十多年的探索、试点，为何是在十四届三中全会这个时刻提出要实行"社会统筹和个人账户相结合"的指导思想，并且在 1995 年迅速得到落实？而不是在其他时间推出这一方案设计呢？当然答案会因人而异，各据道理，也各有千秋。但是本书认为，中共"十四大"的召开是这一模式出台的关键背景，而十四届三中全会的召开是这一模式出台的关键时刻。这是因为邓小平南方之行后召开的中共"十四大"确立了建立社会主义市场经济的指导思想和政策框架，那么根据之前的论述，社会保障制度就要做出相应改革和调整，以为建立社会主义市场经济创造有利条件，所以十四届三中全会提出"统账结合"模式的指导思想实属必然。这种结果的背后思维逻辑是众所周知的经济基础决定上层建筑，尤其是我国改革开放以来皆是以经济建设为中心，其他社会政策都是围绕经济政策而制定，或者是经济政策的配套措施。社会保障的改革亦是如此，它不仅是因应经济社会变革而进行的被动改革，更为重要的是要为经济改革的顺畅进行而扫除羁绊和解除束缚。

虽然说奠定"统账结合"模式基础的养老金费用分摊机制和建立部分积累式养老保险基金，已经分别在 1986 年的《国营企业实行劳动合同制暂行规定》和 1991 年的《国务院关于企业职工养老保险制度改革的决定》中已经得以确立。也可以说"统账结合"模式的提出是十多年改革试点、探索的必然结果，是水到渠成或瓜熟蒂落的自然而为。但是为何是在十四届三中全会这一时刻，而不是其他时刻做出决策？这就是本节所要探讨的问题：是什么因素推动了这一指导思想的出台？又是什么原因决定了要采用这样一种混合式财务模式？

6.3.1　制度变迁过程中的关键时刻

在历史发展和制度变迁过程中，总会遇到一些关键时刻在决定或左右着事件发展的进程和方向。如在我国经济社会发展过程中，决定中国命运的是十一届三中全会的召开这一历史事件或关键时刻，在面临改革即将倒退之时，邓小平同志发表了坚定改革方向的“南方谈话”，这样才在中共十四大中提出了建立社会主义市场经济体制的大政方针，为这艘“改革大船”稳住了舵，才有了今天的经济发展和社会繁荣。再以我国养老金制度变迁为例，几个关键时刻决定了养老金制度的变迁走势。首先是“文化大革命”的发生把养老金制度由“社会保险”变为“企业保险”；其次是改革开放政策的实施开启了养老保险制度改革探索的历程；最后是十四届三中全会的召开把传统的“国家—单位”保障式养老金制度转变为“统账结合”模式养老金制度。

关键时刻是历史制度主义分析问题的一个核心概念。卡罗尔（Collier）等人将关键时刻定义为：导致事件发生显著变化的时间节点，即在历史事件发展演变过程中，会产生各种行动者和影响因素的互相作用，一旦条件成熟，总会在某一特定时刻或关节点发生突变性转折和变革。但是它对于不同国家（或是其他分析单位）而言，关键时刻所带来的影响也不相同。例如在东欧剧变过程中，同样是面临社会主义计划经济体制的转型，不同国家选择的转型路径或方式是不一样的，在国企改革中有的选择了激进的私有化（如俄罗斯），有的选择了温和的私有化（如匈牙利）。总之，关键时刻就是行动者在历史的发展时序中，遭到非预期偶发事件的影响，而必须对某个特定方案采取决策的时刻。或者说关键时刻也可以用交合点理论来解读，即在社会制度的变迁过程中，各种相关影响因素，包括内部和外部、政治和经济、不同利益集团等因素在内，经常会相互发挥作用，如果在某个时间或空间点上交汇在一起，就会形成强大合力，推动某项制度的发生变革或产生新的制度。

关键时刻的决策一般会成为历史的转折点，并且会形塑出后来制度路径依赖的起点。即这些事件（或制度、政策）一旦形成，就会对后续制度发生持续的影响，即使这些事件本身已经不存在了。例如，1969 年财政部关于劳保费用改为从"企业营业外列支"的规定，在改革开放以后已经实际失去效力，但是其影响力一直持续到"统账结合"模式的建立，因为在没有新制度产生之前，人们必定会遵循老制度的规定"路径依赖"下去。所以，虽然在关键时刻下的行动者（决策者），有对各种方案选择的可能性，然而一旦做出决定就没有再回头的余地重新做出其他选择的可能性，也就是说，当选择结果的范围被限制时，就是关键时刻的出现之时。

也就是说，关键时刻所做出的决定，即对制度变革有着决定性的影响，也会对后来制度产生深远的影响。当前我国实行的"统账结合"模式是对这一解释的鲜明注解：因为要建立社会主义市场经济体制，就必须对相关制度进行配套改革，而配套改革所选择的方案也会对以后的制度发生深远的影响。

6.3.2 十四届三中全会的召开及对养老改革的影响

我国的改革开放在经历了 1988 年经济危机和 1989 年政治风波之后，发生了改革开放思想的"回潮"，一些学者把这次经济和政治的动荡，归罪于改革的市场取向。在这些思想的影响下，我国改革开放的步伐暂时出现了停滞。面对这种局面，邓小平同志高瞻远瞩地发表了"南方谈话"，对进一步推动我国改革开放事业的发展起到了力挽狂澜的作用，在此背景下我国迎来了改革开放的又一次热潮。

于是，1992 年 10 月召开的中共"十四大"确立了建立社会主义市场经济的目标。接着在 1993 年 11 月召开的十四届三中全会上又做出了《中共中央关于建立社会主义市场经济体制若干问题的决定》（下称：《决定》），在一些改革的关键问题上获得了重大突破：一是提出了"整体推进、重点突破"的全面改革战略，重点要在国企改革上打攻坚战，要求在 20 世纪末初步建成社会主义市场经济制度；二是为财政税收体制、企业制度和社会保障体系等重点方面的改革提出了目标，其中就包括"城镇职工养老保险和医疗保险实行社会统筹与个人账户相结合的制度"。

中共"十四大"确定建立社会主义市场经济的目标之后，中国进入了更深层次改革的探索，其中就包括对社会保障制度改革的探索。要改革总要借鉴国外已有的改革经验。首当其冲的是一批经济学家，他们经过对欧洲大陆的社会保障制度，新加坡的中央公积金制度和智利的私有化养老金制度考察和研究，提出了我国社会保障制度改革的主要方向：一是要注重鼓励个人劳动的积极性；二是要保持适当的基金积累；三是要注意社会保障与其他社会经济改革的相互配合①。其中还提出了社会保障筹资体制的三种类型：缴费确定型的基金积累制、待遇确定型的现收现付制和二者的混合制度。这些有关社会保障的改革思路或建议被中央政府所采纳，在十四届三中全会通过的《决定》中充分体现出来，其中的重大突破就是个人账户的设置和"统账结合"筹资模式的提出。

应该说个人账户的设置是对过去"国家－单位"保障制的重大变革，是对费用分担机制和个人自我保障责任的认可和确立，也标志着社会保障制度从此走向了社会化和多元化。而"统账结合"模式的提出，也是在借鉴国内外社会保障改革正反经验的基础上，结合中国实际情况而制定出来的，既是对效率和公平的兼顾，也是对国家、社会、个人责任的体现。虽然在后来制定具体实施方案时出现了"大、小账户"之争，但在出现短暂的混乱局面之后，由于对原制度的"路径依赖"，最终经过1997年的"统一"和2000年的"完善"，到2005年才把个人账户规模最终确定为8%的缴费比例。

6.3.3 "统账结合"模式的选择

"统账结合"实质上是社会保障的一种筹资模式，是对我国传统的"现收现付②"式筹资模式的一种转变。众所周知，目前世界上养老保险的筹资

---

① 参阅王东进：《中国社会保障制度的改革与发展》，法律出版社，2011年版。
② 注释：虽然计划经济时代的企业保险金的支出是从企业营业外列支，但是在"统收统支"的财务制度模式下，十分类似于现收现付式制度，只不过是缺少企业缴费这一环节，如果要回溯到1969年以前的劳动保险制度，需要企业缴纳保险费的当时制度基本上就是现收现付制。

模式有三种：现收现付式，完全积累式和部分积累式。筹资模式的选择是制度建设的关键，因为它关系到未来养老保险基金的平衡从而关涉到制度的生存。如果筹资不充分，制度难以正常运转下去；如果筹资过于充分，则势必造成经济上的过重负担，从而妨碍经济增长。所以，在十四届三中全会召开之前对筹资模式的选择上颇费了一番周折。

首先，延续现收现付制将面临人口老龄化的压力。现收现付式养老金制度无法解决人口老化压力是世界各国面临的共同难题。之所以计划经济时代采用的现收现付制没有出现多大问题，主要得益于当时的"统收统支"型财务制度和封闭运行的制度体系。但是到改革开放后，随着退休人员的增多和财务税收制度的改革，我国养老金制度立即就面临着巨大的财务压力，只有经常得到中央财政的补贴才能运转。如果要想保持养老待遇不下降，而又要采取现收现付制度，在退休人口日益增多的情况下，只有提高缴费率，而这种势必加重企业负担的做法又与建立社会主义市场经济体制的要求不相符合。所以，必须探寻新的筹资模式以实现养老保险制度的政策运转。

其次，实行完全积累制度也是不可能。尽管一些经济学家在对国外养老金制度考察，特别是对智利养老金的私有化改革研究之后，倾向于以缴费为基础的养老金制度，并提出借鉴智利认证债券的方法，通过采取折算贡献、重新划拨资产、组织养老金基金的办法，来解决新旧制度之间的过渡问题[1]，同时想通过实行分散化管理，加强基金的投资运营以实现基金的保值、增值。但是，我国长期实行的是现收现付制度，久而久之就形成了"路径依赖"，从而形成人数众多的受益群体联盟，如已经退休和即将退休的人员，必将因担心利益可能受损而全力反对这种筹资模式，加上我国一直遵循渐进式改革的思路，决策者也不想因此而引起社会的动荡。所以，实行完全积累制是完全行不通的。后来的"大账户小统筹"的失败也证明了这一点。

最后，"统账结合"模式是一种折中方案。在前两种模式都难以实行的情况下，只有搬出了中国人的传统智慧，采取"中庸"的思维对两种模式

---

① 王东进：《中国社会保障制度的改革与发展》，法律出版社，2011年版。

进行折中。但是并不完全等同于部分积累模式，它是部分现收现付和部分完全积累的组合模式①，因为一个职工的养老保险基金分别记录在两个性质迥异的账户内。理想的"统账结合"模式既能克服人口老龄化的压力，也能形成对职工个人的缴费激励，从而形成养老费用的分摊，实现养老保险的社会化。但是，由于当时论证不够充分，在制定具体方案时抛出两个不同方案供各地自行选择，并允许各地结合自身实际加以改造。从另一方面说，这一状况也说明了当时进行模式选择的困难，因为一旦做出决定，就会对后续制度造成深远的影响。

6.4　小　　结

20 世纪 90 年代的养老金改革对我国养老保险制度建设起了决定性的作用，它不仅使制度实现了转型，促使其从单位保险走向了社会保险，而且建立了适应市场经济体制要求的养老保险制度。尽管在制度运行中还存在着巨大的问题，如个人账户做实的问题，但是所形成的"统账结合"制度模式，确实真正地奠定了我国养老保险制度的基础。分析起来，这一时期养老保险制度的变迁过程有以下几点值得注意：

第一，制度是伴随经济体制改革的深化而逐步变迁。如果说 1991 年颁布的养老保险改革决定，是对前十年改革探索的总结。那么，1994 年以后发布的"通知""决定"却是对建立社会主义市场经济体制的回应，是为市场经济改革的配套改革。这说明我国经济体制的改革一直决定着社会政策的改革，无论是最早的"放权让利"，还是 20 世纪 80 年代的"增量改革"，直到 90 年代中期开始的全面改革和市场经济体制的建立，社会保障制度的改革都是在为经济改革扫除障碍。

第二，政策文件对社会保障的体制改革起主导性作用。纵观养老金的改革历程，政策文件往往发挥着主导性作用，尤其在 20 世纪 90 年代最为明

---

① 郑功成：《中国社会保障制度变迁与评估》，中国人民大学出版社，2002：90.

显，从发布改革的决定，到"统账结合"模式的提出，到筹资比例的确定和调整，无不是在政策文件的指导下进行。这说明国家在社会政策的变迁过程中起着主导作用，尽管有经济形势的需要、利益群体的利益诉求，以及制度本身的客观要求，但是国家在其中却是具有方向性的指导作用。因为无论如何，国家作为一个责任主体，都要为自己的未来发展负责。一句话，尽管我国养老金制度是在经济体制改革大背景下的被动变革，但主导权和主动性却在政府手中，因为它是模式选择和发展方向的主要决策者。

第三，党的十四大对"统账结合"模式的形成起决定性作用。正如前面已经述及，若非"十四大"确立了建立社会主义市场经济体制的改革目标，十四届三中全会很可能不会提出养老和医疗保险要实行社会统筹和个人账户相结合的建议。因为如果没有经济体制改革进一步深化的要求，其他的配套改革措施，如财政税收、金融管理、社会保障等制度也不会做出大幅度的改革和调整；如果没有深化社会保障体制改革的要求，也不可能有设置个人账户的提出，没有个人账户的设置怎么可能提出"统账结合"模式呢？所以，与其说十四届三中全会是"统账结合"模式形成的关键时刻，不如说党的"十四大"起了决定性作用。

第7章

结　论

　　本书所做的有关"统账结合"养老金模式形成原因的研究分析，其实质是对我国城镇职工基本养老保险制度变迁的梳理分析，与其他仅限于制度变迁过程的分析有所不同，本书所关注的是为什么我国养老金制度的变迁结果是走向了"统账结合"模式，而不是其他模式（如延续先前的现收现付模式或转向完全积累模式）？在这个变迁过程中，有哪些因素影响左右着这种变迁过程的走势，并最终使制度变革为"统账结合"模式？本书的基本着眼点就是力图回答这些问题，并试图给出较为合理的解释。通过对我国养老金制度演变过程的历史制度分析，本书认为有三个关键因素主导了制度变革的路径选择：渐进式经济体制改革的大政方针、制度的"路径依赖"和较强的国家自主性。

7.1　渐进式经济改革决定了养老金改革的渐进性

　　根据经济决定论的观点，有什么样的经济形态就有什么样的社会结构，而社会结构是制定社会政策的依据或根基。纵观我国经济体制改革的进程，明显具有渐进式改革的特征。所谓渐进式改革，是和激进方式相对应的。激进改革来源于20世纪90年代一些中东欧原社会主义转型国家在对国企改革时所采用的快速私有化改革方式，一些比较激进的国家几乎是一夜之间全部私有化。相对而言，我国经济体制的改革方式则相对温和，应该可以称作渐进方式，这在学界是有共识的。考察我国改革开放的历史进程，能够比较充分的证明这一点：最开始是对国有企业的"放权让利"改革，目的是增强企业的经营自主性，当这种改革方式遇到瓶颈时，我国又采取了主要在体制外进行的"增量改革"，主要是以发展民营经济、吸引外资等方式进行，但是这种体制外运作依然解决不了国企改革的老大难问题，最终才有十四届三中全会上决定了实行以国企改革为重点的全面改革。

我国养老保险制度的改革进程正是伴随着上述渐进式改革进行的。80年代初期进行的"放权让利"和财政税收体制的改革斩断了企业财务和国家财政的联系，从而动摇了原来"国家－单位"保障制的财务基础，在养老金支付的财务压力之下，一些地方开始了对养老金制度改革的探索，如小范围的实行社会统筹以调剂养老基金；而"增量改革"导致民营、乡镇、三资企业发展的同时，也带来了用工形式的变化，所以就引致了1986年劳动合同制用工制度的出台，同时也相应出台了缴费办法；到中共"十四大"提出要全面建设社会主义市场经济之后，十四届三中全会决定实施全面而深入的经济体制改革，其中也包括社会保障制度的改革，"社会统筹和个人账户相结合"的养老金制度就是在这种背景下出台的。这说明了我国经济体制的改革深刻地影响了社会政策的改革，或者说社会政策是经济体制改革的配套措施。所以，在当时"一切以经济建设为中心"的社会背景下，作为社会政策的养老金制度改革，必然要遵循经济体制改革的步伐行进，而不可能超越经济发展或改革阶段而单独进行。换言之，是经济体制的渐进改革决定了养老金制度的渐进调整。

这种经济改革方式决定养老金改革路径的例子在国外也可以得到证明。众所周知，智利养老金私有化的背景是经济自由化的改革，当时在皮诺切特军政府的强力推动下，智利经济在短短几年内就完成了自由化改革，所以在这种背景下实行完全积累制改革是不足为奇的；而波兰以名义账户为主体的养老金多支柱改革背景虽然也是以当时的经济改革为背景，但是波兰的经济改革方式没有采用非常激进的方式，而是采用了分阶段、分步骤的私有化，再加上波兰当时已经是多党制政府，以及长期实行现收现付制的路径依赖，导致波兰没有采用类似智利的完全积累式养老金制度。

7.2　路径依赖的制度惯性会阻止激进变革

"路径依赖"是制度变迁的核心概念，是先前制度对后续制度所产生的持续影响。在我国养老金制度的改革过程中，对"路径依赖"产生影响的因素主要包括心理依赖、利益既得和转制成本。由于在计划经济体制下实行的是国家"包办"社会福利，长期以来使职工形成了严重的心理依赖，认为国家才是自己生活最可靠的保障，如果实行激进的改革，很难使广大职工能在心理上接受，从而形成很大的反对力量；计划经济体制培养了数目庞大的利益既得群体，改革就意味着利益调整，也意味着既得利益的受损，因为担心利益受损自然而然就形成了对原制度的路径依赖；而转轨成本虽然是隐性的，但对国家的长期发展来说却是沉重负担，如果处理不好将会给经济发展带来重大障碍，所以继续延续旧制度也是国家的一个明智选择。

对原制度的"路径依赖"在 20 世纪 90 年代的改革，尤其是个人账户比例的演变中体现得比较充分。一开始一些经济学家主张我国应该实行缴费确定型完全积累式养老金制度，这些主张和建议在十四届三中全会的决议中得到了肯定，其中一个证明就是"统账结合"模式的提出。但是在 1995 年颁布的《国务院关于深化企业职工基本养老保险制度改革的通知》所提出的两个方案中，出现了"大账户"和"小账户"两个实施方案，同时还允许各地结合自身实际进行修正，这实际上出台了 3 个或多个方案。可以推断，造成这种状况的原因是当时对养老金的改革方式没有达成共识，以经济学家为主的体改委主张"大账户"，而以劳动保障专家为主的劳动部主张"小账户"。事实上也证明，多数省份的基本主张是渐进改革。在 1996 年出台了改革方案的 21 个省市中只有 6 个选择了"大账户"，却有 11 个省市选择了折中方案。针对这种混乱局面，1997 年的改革把个人账户的规模统一到了 11%。即便如此，个人账户却又遇到了无法做实的难题，2000 年在辽宁试点时把个人账户规模定为 8%。经过几年的试点，2005 年在总结东北三省完善城镇社会保障体系试点经验的基础上，为了与做实个人账户相衔接，决定将个人账户规模统一由11%调整为8%。以上改革过程有力地说明了"路径依赖"会产生极大的制度惯性，阻碍制度的激进变革。

7.3 国家自主性影响着养老金政策的选择

斯克波尔在《国家与社会运动》中提出了国家自主性理论，她认为国家不是因变量而是自变量，不是一个中间团体而是一个有着自身利益追求的主体，是一个能够对政治、社会、经济和意识形态等资源进行整合的统合者。国家自主性的强弱表明一个国家对政策形成过程起影响作用的程度。强自主性的国家如威权型国家，会对国家政策有很强的主导作用；而弱自主性的国家，在进行公共政策决策时往往会受到利益团体、社会运动、政党竞争等行动者的影响，因而其在决策中的主导性就相对弱些。

我国在20世纪八九十年代是典型的威权型国家，国家几乎控制着所有的部门，利益团体和社会组织很不发达。依照国家自主性理论，这种情况下的国家自主性一般会很强大。这一点在我国养老金政策制定过程中能够得到证明，因为从中共十一届三中全会决定实行改革开放开始，几乎所有的改革步骤都是在党和国家的政策文件指导下进行的。1984年中共十二届三中全会通过的《中共中央关于经济体制改革的决定》，提出了加快经济体制改革步伐的要求，决定把改革的重点从农村转向城市，时隔两年的1986年国务院就出台了《国营企业实行劳动合同制暂行规定》等关于劳动就业的四个行政规章，由此也确立了费用分担机制。而1992年中共"十四大"提出要实行全面改革开放，建立社会主义市场经济体制的要求，紧接着在十四届三中全会通过的《决议》中，就提出了养老和医疗要实行社会统筹和个人账户相结合。而在随后的1995年，国务院发布了《关于深化企业职工基本养老保险制度改革的通知》，其中以附件形式出台了关于"统账结合"的两个实施方案。以上改革历程可以说明我国政府对改革和发展的方向有一定的主动性，所以对经济社会政策的制定会产生很大的影响作用，当然也包括养老金改革政策的制定。

　　因为国家自主性因国而异，其影响社会政策的能力也有所不同。第三章在对养老金改革的国际比较中，已经论述过智利和波兰两国因为国家能力的不同而走向了不同的养老金改革路径：军政府主政的智利，有能力打压和排斥利益集团和反对意见，再加上改革方法得当，比较顺利地实现了养老金的私有化改革；而 20 世纪 90 年代的波兰已经实现了政党轮替，各种社会势力和利益团体也迅速兴起，所以在养老金改革过程中的各种掣肘力量较多，经过几年的博弈和妥协，最终只有形成以名义账户养老金为主体的"多支柱"改革方案。

　　综合上述分析，本书认为渐进主义的改革路线决定着作为社会政策的养老金改革不可能走向激进改革的方向；对计划经济体制下现收现付制度的路径依赖也在阻碍着走向完全积累式改革；而国家自主性则始终根据经济社会发展形式调整和把握着改革的方向。所以，当我国的养老金制度面临必须选择改革方案之时，以上三个因素决定着改革模式的选择不可能采用基金制或延续现收现付模式，而是采用了二者折中的"统账结合"模式。

参 考 文 献

［1］陈听安：《国民年金制度》，三民书局，2003 年版。

［2］冯兰瑞等：《中国社会保障制度重构》，经济科学出版社，1997 年版。

［3］高书生：《社会保障改革何去何从》，中国人民大学出版社，2006 年版。

［4］国家统计局：《数字中国三十年——改革开放三十年统计资料汇编》，中国统计出版社，2008 年版。

［5］和春雷：《社会保障制度的国际比较》，法律出版社，2001 年版。

［6］何俊志：《结构、历史和行为——历史制度主义对政治科学的重构》，复旦大学出版社，2004 年版。

［7］何俊志：《制度等待利益：中国县级人大制度模式研究》，重庆出版社，2005 年版。

［8］柯志明：《番头家：清代台湾族群政治与熟番地权》，"中央研究院"社会学研究所，2001 年版。

［9］金雁：《从"东欧"到"新欧洲"：20 年转轨再回首》，北京大学出版社，2011 年版。

［10］金雁、秦晖：《十年沧桑：东欧的经济社会转轨与思想变迁》，东方出版社，2012 年版。

［11］林万亿：《福利国家——历史比较的分析》，巨流图书公司，1994 年版。

［12］刘国光：《中国经济体制改革的模式研究》，中国社会科学出版社，2009 年版。

[13] 刘燕生：《社会保障的起源、发展和道路选择》，法律出版社，2001 年版。

[14] 刘纪新：《拉美国家养老金制度改革研究》，中国劳动保障出版社，2004 年版。

[15] 刘圣中：《历史制度主义－制度变迁的比较历史研究》，上海人民出版社，2010 年版。

[16] 刘正浩、李新：《经济转轨的路径选择》，中国环境出版社，1998 年版。

[17] 宋晓梧：《中国社会保障制度改革》，清华大学出版社，2001 年版。

[18] 王东进：《中国社会保障制度的改革和发展》，法律出版社，2001 年版。

[19] 王占臣、任凡：《社会保障法全书》，改革出版社，1995 年版。

[20] 卫兴华、魏杰：《中国社会保障制度改革》，中国人民大学出版社，1994 年版。

[21] 吴光炳：《中国转轨的经济学分析》，中国财政经济出版社，2004 年版。

[22] 吴敬琏：《当代中国经济改革教程》，上海远东出版社，2012 年版。

[23] 谢圣远：《社会保障发展史》，经济管理出版社，2007 年版。

[24] 徐湘林：《渐进改革中的政党政府与社会》，中信出版社，2004 年版。

[25] 薛暮桥：《中国市场经济的萌发和体制转换》，天津人民出版社，1993 年版。

[26] 薛晓源、陈家刚编：《全球化与新制度主义》，社会科学文献出版社，2004 年版。

[27] 严忠勤：《当代中国的职工工资福利和社会保险》，中国社会科学出版社，1987 年版。

[28] 杨立雄、杨俊：《公共养老金制度》，经济日报出版社，2011 年版。

[29] 余英时：《中国思想传统的现代诠释》，江苏人民出版社，1989 年版。

[30] 张蕴岭编：《北欧社会福利制度及中国社会保障制度的改革》，经济科学出版社，1993 年版。

[31] 张宇：《过渡之路——中国渐进式改革的政治经济学分析》，中国社会科学出版社，1997 年版。

[32] 张军：《社会保障的福利文化解析：基于历史和比较的视角》，西南财经大学出版社，2010 年版。

[33] 赵鼎新：《社会与政治运动讲义》，社会科学文献出版社，2006 年版。

[34] 赵鼎新：《东周战争与儒法国家的诞生》，华东师范大学出版社，2006 年版。

[35] 郑秉文、和春雷：《社会保障分析引论》，法律出版社，2001 年版。

[36] 郑秉文、高庆波、于环：《新中国社会保障制度的变迁与发展》，载陈佳贵、王延中主编：《社会保障绿皮书：中国社会保障发展报告 2010，No. 4》，社会科学文献出版社，2010 年版。

[37] 郑功成：《中国社会保障制度变迁与评估》，中国人民大学出版社，2002 年版。

[38] 郑功成：《中国社会保障 30 年》，人民出版社，2008 年版。

[39] 郑功成：《社会保障学》，商务印书馆，2000 年版。

[40] 中国经济改革研究基金会和中国经济体制改革研究会联合专家组：《中国社会养老保险体制改革》，上海远东出版社，2006 年版。

[41] 朱天飚：《比较政治经济学》，北京大学出版社，2006 年版。

[42] [比] 热若尔·罗兰，张帆、潘佐红译：《转型与经济学》，北京大学出版社，2002 年版。

[43] [丹麦] 戈斯塔·艾斯平－安德森著，郑秉文译：《福利资本主义三个世界》，法律出版社，2003 年版。

[44] [丹麦] 戈斯塔·艾斯平－安德森编：《转型中的福利国家——全球经济中的国家调整》，商务印书馆，2010 年版。

[45] [德] 柯武刚、史漫飞，韩朝华译：《制度经济学：社会秩序与公共政策》，商务出版社，2008 年版。

［46］丁开杰、林义选编：《后福利国家》，上海三联书店，2004 年版。

［47］何俊志、任军锋、朱德米编译：《新制度主义政治学译文精选》，天津人民出版社，2007 年版。

［48］［美］巴林顿·摩尔著，拓夫、张东东等译：《民主和专制的社会起源》，华夏出版社，1987 年版。

［49］［美］道格拉斯·诺思，钟正生、刑华译：《理解经济变迁过程》，中国人民大学出版社，2013 年版。

［50］［美］道格拉斯·诺思，杭行译：《制度、制度变迁与经济绩效》，上海人民出版社，2008 年版。

［51］［美］约翰·B·威廉姆森、费雷德·C·帕姆佩尔著，马胜杰等译：《养老保险比较分析》，法律出版社，2002 年版。

［52］［美］B. 盖伊·彼得斯著，王向民、段红伟译：《政治科学中的制度理论："新制度主义"》，上海人民出版社，2011 年版。

［53］［美］西达·斯考切波著，何俊志、王学东译：《国家与社会革命：对法国、俄国和中国的比较分析》，上海人民出版社，2007 年版。

［54］［美］托马斯·R. 戴伊著，彭勃等译：《理解公共政策》，华夏出版社，2004 年版。

［55］罗伯特·霍尔兹曼等著，郑秉文等译：《名义账户制的理论和实践——社会保障改革新思想》，北京，中国劳动社会保障出版社，2009 年版。

［56］［美］邹至庄：《中国经济转型》，中国人民大学出版社，2005 年版。

［57］世界银行：《老年保障：中国养老金体制改革》，中国财政经济出版社，1998 年版。

［58］［西］何塞·路易斯·埃斯克里瓦等著，郑秉文译：《拉美养老金改革：面临的平衡与挑战》，中国劳动社会保障出版社，2012 年版。

［59］［匈］雅诺什·科尔奈：《后社会主义转轨的思索》，吉林人民出版社，2003 年版。

［60］［英］保罗·皮尔逊著，舒绍福译：《拆散福利国家——里根、撒切尔和紧缩政治学》，吉林出版集团有限公司，2007 年版。

［61］［英］保罗·皮尔逊编，汪淳波、苗正民译：《福利制度的新政治学》，商务印书馆，2004 年版。

［62］［英］贝弗里奇，劳动和社会保障部社会保险研究所译：《贝弗里奇报告：社会保险和相关服务》，中国劳动社会保障出版社，2004 年版。

［63］［英］卡尔·波兰尼著，冯钢、刘阳译：《大转型：我们时代的政治和经济起源》，浙江人民出版社，2007 年版。

［64］彼得·豪尔、罗斯玛丽·泰勒：《政治学与三个新制度主义》，载《经济社会体制比较》，2003 年第 5 期。

［65］［韩］崔荣骏：《18 个 OECD 国家的养老金改革：路径依赖还是路径突破》，载《社会保障研究》（北京），2010 年第 1 期。

［66］傅从喜：《从转型国家与开发中国家年金改革经验论台湾年金体系的建构》，载《台湾社会福利学刊》，第五卷第二期，2007 年 2 月。

［67］傅从喜：《国际组织对年金改革的影响：世界银行对国际劳工组织的角力?》，载《"国立"政治大学社会学报》，第三十七期，2004 年 12 月。

［68］豪尔斯·加尔塞斯，王新颖编译：《匈牙利、波兰和捷克的福利国家建设》，载《当代世界与社会主义》，2004 年第 5 期。

［69］何俊志：《结构、历史和行为——历史制度主义的分析范式》，载《国外社会科学》，2002 年第 5 期。

［70］凯瑟琳·丝莲、斯文·史泰默，张海青等译：《比较政治学中的历史制度学派》，载《经济社会体制比较》，2003 年第 5 期。

［71］雷根强、苏晓春：《中国养老保险制度变迁的原因分析》，载《厦门大学学报》（哲学社会科学版），2010 年第 1 期。

［72］雷艳红：《比较政治学与历史制度主义的渊源》，载《社会科学研究》，2006 年第 1 期。

［73］李德刚：《历史制度主义：媒介制度变迁研究的新范式》，载《现代传媒（中国传媒大学学报)》，2010 年第 4 期。

［74］林国明：《到国家主义之路：路径依赖与全民健保组织体制的形成》，载《台湾社会学》，2003 年第 5 期，1~71 页。

［75］林国明：《台湾医疗保险体系部分负担与转诊方案的政策转折》，

载《台湾社会学刊》，第 29 期（2001 年 2 月），111~184 页。

[76] 林卡：《北欧国家福利改革：政策实施成效及其制度背景的制约》，载《欧洲研究》，2008 年第 3 期。

[77] 林卡、张佳华：《北欧国家社会政策的演变及对中国社会建设的启示》，载《经济社会体制比较》，2011 年第 3 期。

[78] 林卡：《论北欧学者对于其福利国家体制的研究、论争及其论争的逻辑基础》，载《国外社会科学》，2005 年第 6 期。

[79] 刘昌平：《中国基本养老保险"统账结合"制度的反思与重构》，载《财经理论与实践》，2008 年第 5 期。

[80] 刘德浩：《养老金改革的政治学分析：以英国、瑞典为例》，载《劳动保障世界》，2011 年第 6 期。

[81] 刘娟凤：《谁在反对公共养老金改革：利益还是制度？——评阶级分化与代际分裂：欧洲福利国家养老金政治的比较分析》，载《欧洲研究》，2009 年第 4 期。

[82] 刘秀红：《城镇企业职工基本养老保险制度模式与性别公平——基于历史制度主义分析范式》，载《理论月刊》，2011 年第 8 期。

[83] 刘秀红：《制度、利益与观念：男女同龄退休政策改革研究——基于历史制度主义视角》，载《理论导刊》，2010 年第 12 期。

[84] 吕学静：《东亚福利模式普遍整合的北京与基础探析》，载《首都经济贸易大学学报》，2012 年第 3 期。

[85] 马丁·费尔德斯坦：《中国的社会保障制度改革》，载《金融体制改革》，1999 年第 2 期。

[86] 马杰、郑秉文：《计划经济条件下新中国社会保障制度的再评价》，载《马克思主义研究》，2005 年第 1 期。

[87] 马雷克·戈拉、米哈伊·茹特科夫斯基：《探索养老金改革之路 - 波兰多支柱的养老金体系》，载《经济社会体制比较》，2000 年第 1 期。

[88] 马烽：《从历史制度主义角度看我国地方行政体制改革》，载《前沿》，2006 年第 10 期。

[89] 欧鲲：《新制度主义视野下中国政治体制改革特点初探》，载《辽

宁行政学院学报》，2010 年第 4 期。

[90] 潘祥辉，《中国媒介制度变迁的演化机制研究——一种历史制度主义的视角》，浙江大学博士学位论文，2008 年。

[91] 彭于彪：《中国城镇养老保险制度的变迁及特征》，载《武汉学刊》，2005 年第 6 期。

[92] 齐伟娜、郑伟：《中国养老保障制度改革：关键问题和解决思路》，载《经济研究参考》，2006 年第 4 期。

[93] 仇雨临：《当代中国的养老保险制度改革》，载《教学与研究》，1996 年第 5 期。

[94] 熊跃根：《如何从比较的视野来认识社会福利与福利体制》，载《社会保障研究》，2008 年第 1 期。

[95] 熊跃根：《社会政策的比较研究：概念、方法及其应用》，载《经济社会体制比较》，2011 年第 3 期。

[96] 熊跃根：《中国福利体制建构与发展的社会基础：一种比较的观点》，载《经济社会体制比较》，2010 年第 5 期。

[97] 熊跃根：《转型经济国家的社会变迁与制度建构：理解中国经验》，载《社会学研究》，2010 年第 4 期。

[98] 熊跃根：《转型经济国家社会保护机制的建构：中国与波兰的比较研究》，载《学海》，2008 年第 3 期。

[99] 熊跃根：《国家力量、社会结构与中国文化传统——中国、日本和韩国福利范式的理论探索与比较分析》，载《江苏社会科学》，2007 年第 7 期。

[100] 许莉、万春：《我国养老保险制度的演进轨迹：1951～2008》，载《改革》，2008 年第 12 期。

[101] 徐湘林：《"摸着石头过河"与中国渐进政治改革的政策选择》，载《天津社会科学》，2002 年第 3 期。

[102] 汪大海、唐德龙：《新中国慈善事业的制度结构与路径依赖——基于历史制度主义的分析范式》，载《中国行政管理》，2010 年第 5 期。

[103] 杨福禄：《关于历史制度主义》，载《山东师范大学学报》（人文社科版），2006 年第 4 期。

[104] 杨光斌：《诺斯制度变迁理论的贡献与问题》，载《华南师范大学学报》（人文社科版），2007 年第 3 期。

[105] 杨建海：《从"名义上"的个人账户到名义账户——中国个人账户养老金改革的一种思路》，载《兰州学刊》，2012 年第 9 期。

[106] 杨继明：《我国老年社会保险制度的历史沿革和改革方向》，载《社会学研究》，1987 年第 3 期。

[107] 杨立雄：《利益、博弈与养老金改革：对养老金制度的政治社会学分析》，载《社会》，2008 年第 4 期。

[108] 张勇、杨光斌：《国家自主性理论的发展脉络》，载《教学与研究》，2010 年第 5 期。

[109] 赵人伟：《福利国家的转型和中国社会保障体制的改革》，载《经济学家》，2001 年第 6 期。

[110] 郑秉文、史寒冰：《东亚国家和地区社会保障制度的特征——国际比较的角度》，载《太平洋学报》，2001 年第 3 期。

[111] 郑秉文、史寒冰：《东亚国家或地区养老社会保障模式比较》，载《世界经济》，2001 年第 8 期。

[112] 郑秉文、J. 威廉姆森、E. 卡尔沃：《中国与拉美社会保障比较：传统文化与制度安排——提高覆盖率的角度》，载《拉丁美洲研究》，2009 年第 2 期。

[113] 郑秉文、房连泉：《社保改革"智利模式"25 年的发展历程回眸》，载《社会保障研究》（北京），2006 年第 2 期。

[114] 郑秉文：《"福利模式"比较研究与福利改革实证分析——政治经济学的角度》，载《学术界》，2005 年第 3 期。

[115] 郑秉文：《OECD 国家社会保障改革及其比较》，载《经济社会体制比较》，2004 年第 5 期。

[116] 郑功成：《社会保障：中国道路的选择与发展》，载《武汉大学学报》（哲学社会科学版），1999 年第 5 期。

[117] 郑功成：《智利模式：养老金私有化改革述评》，载《经济学动态》，2001 年第 2 期。

［118］郑功成：《中国的养老保险制度：跨世纪的改革与思考》，载《中国软科学》2000 年第 3 期。

［119］朱天飚：《比较政治经济学与比较历史研究》，载《国家行政学院学报》，2011 年第 2 期。

［120］Aidi Hu, 1997, "Reforming China's social security system: Facts and perspectives", *International Social Security Review*, Vol. 50, (3).

［121］Augusztinovics, M., 1999, "Pension Systems Reforms in the Transition Economics", *Economic Survey of Europe*, Vol. 3, pp. 89 – 102.

［122］Bernhard Ebbinghaus, 2011, *The Varieties of Pension Governance: Pension Privatization in Europe*, Oxford University Press.

［123］B. Guy Peters, Jon Pierre, Desmond S. King, 2005, "The Politics of Path Dependency: Political Conflict in Historical Institutionalism", *The Journal of Politics*, Vol. 67, No. 4, pp. 1275 – 1300.

［124］Collier, Ruth Berins, and David Collier., 1991, "Framework: Critical Junctures and Historical Legacies", in *Shaping the Political Arena: Critical Junctures, the Labor Movement, and Regime Dynam-ics in Latin America*, pp. 27 – 39, Princeton, NJ: Princeton University Press.

［125］Ellen M. Immergut, 1990, "Institutions, Veto Points, and Policy Results: A Comparative Analysis of Health Care", *Journal of Public Policy*, Vol. 10, No. 4, pp. 391 – 416.

［126］Ellen M. Immergut, Karen M. Anderson and Isabelle Schulze, 2007, The Handbook of West European Pension Politics, Oxford University Press.

［127］Feldstein, M., & Siebert, H., 2002, *Social Security Pension Reform in Europe*, Chicago: The Chicago University Press.

［128］Fultz, E., & Ruck, M., 2001, "Pension Reform in Central and Eastern Europe: Emerging Issues and Patterns", *International Labor Review*, Vol. 140, No. 1, pp19 – 43.

［129］Hall Peter A. and Rosemary C. R. Taylor, 1996, "Political Science and the Three New Institutionalisms." *Political Studies* 44, 2: 936 – 957.

[130] Hall Peter, 1993, "Policy Paradigms, Social Learning, and the State: The Case of Economic Policymaking in Britain", *Comparative Politics* (25).

[131] Heclo Hugh, 1974, *Modern Social Politics in Britain and Sweden*, New Haven: Yale University Press.

[132] Horstmann, S., & W., S., 2002, "Economic, Demographic and institutional background", In W. Schmahl & S. Horstmann (eds.), *Transformation of Pension Systems in Central and Eastern Europe* (pp. 25 – 41). Cheltenham: Edward Elgar.

[133] Immergut Ellen M., 1998, "The Theoretical Core of the New Institutionalism." *Politics and Society* 26, 1: 5 – 34.

[134] ISSA., 1995, *Development and Trends in Social Security throughout the World*, 1993 – 1995. Geneva: International Social Security Association.

[135] John B. Williamson and Matthew Williams, 2005, "Notional Defined Contribution Accounts: Neoliberal Ideology and the Political Economy of Pension Reform", *American Journal of Economics and Sociology*, Vol. 64, No. 2, pp. 485 – 506.

[136] Katzenstein, P. (Ed.), 1978, *Between power and plenty: Foreign economic policies of advanced industrial states*, Madison: University of Wisconsin Press.

[137] Mark W. Frazier, 2010, *Social Insecurity——Pension and The Politics of Uneven Development in China*, Cornell University Press.

[138] Marshall, T. H., 1950, *Citizenship and Social Class. Cambridge*, England: Cambridge University Press.

[139] Michael Cichon, 1999, "Notional defined-contribution schemes: Old wine in new bottles?" *International Social Security Review*, Vol. 52 (4): 87 – 105.

[140] Myles John, 1984, *Old age in the welfare state: The political economy of public pensions*, Boston, Brown Press.

[141] Pampel, Fred C. & John B. Williamson, 1988, "Welfare Spending

in Advanced Industrial Democracies, 1950 – 1980. " *American Journal of Sociology*, 93: pp. 1424 – 56.

[142] Pampel, Fred C. & John Williamson, 1989, *Age, Class, Politics, and the Welfare State*, Cambridge: Cambridge University Press.

[143] Pierson Paul, 2000, "The Limits of Design: Explaining Institutional Origins and Change", *Governance: An International Journal of Policy and Administration*, Vol. 13, No. 4, pp. 475 – 499.

[144] Pierson & Christopher, 1991, *Beyond the Welfare State? The New Political Economy of Welfare*, Pennsylvania, The Pennsylvania University Press.

[145] Pierson Paul, 2000, "Increasing Returns Path Dependence, and the Study of Politics. " *The American Political Science Review* 94, 2: 251 – 267.

[146] Pierson Paul, 1996, "The path to European integration: A historical institutionalism approach", *Comparative Political Studies*, 29 (2), 123 – 163.

[147] Pierson Paul, 1994, *Dismantling the welfare state? Reagan, Thatcher, and the politics of retrenchment*, Cambridge and New York: Cambridge University Press.

[148] Robert Palacios & Montserrat Pallarès – Miralles, 2000, "International Patterns of Pension Provision", Social Protection Discussion Paper Series.

[149] Steinmo Sven, Kathleen Thelen, and Frank Longstreth, 1992, *Structuring Politics: Historical Institutionalism in Comparative Analysis*, Cambridge, England: Cambridge University Press.

[150] Steinmo, 2008, "What is Historical Institutionalism?", in Donatella Della Porta and Michael Keating eds. , *Approaches in the Social Sciences*, pp- Cambridge UK: Cambridge University Press.

[151] Theda Skocpol, 1976, "France, Russia, China: A Structural Analysis of Social Revolutions", *Comparative Studies in Society and History*, Vol. 18, No. 2, pp. 175 – 210.

[152] Theda Skocpol, 1979, *States and social revolutions: A comparative analysis of France, Russia, and China.* Cambridge and New York: Cambridge

University Press.

[153] Theda Skocpol, 1985, "Bringing the state back in: strategies of analysis in current research", In *Bringing the State Back In*, ed. PB Evans, D Rueschemeyer, T Skocpol, pp. 3 – 37. New York: Cambridge Univ. Press

[154] Theda Skocpol, 1992, *Protecting Soldiers and Mothers: The Political Origins of Social Policy in the United States*, Cam-bridge: Harvard University Press.

[155] Theda Skocpol, 1993, "America's First Social Security System: The Expansion of Benefits for Civil War Veterans", *Political Science Quarterly*, Vol. 108, No. 1, pp. 85 – 116.

[156] Theda Skocpol and Margaret Somers, 1980, "The Uses of Comparative History in Macrosocial Inquiry", *Comparative Studies in Society and History*, Vol. 22, No. 2, pp. 174 – 197.

[157] Weir, M. and Skocpol, T. , 1985, "State structures and the possibilities for 'Keynesian' re-sponses to the great depression in Sweden, Britain, and the United States", See Evans, Rueschemeyer & Skocpol 1985, pp. 107 – 163.

[158] Weir M. , 1992b, "Ideas and the politics of bounded innovation", In: *Structuring politics: Historical Institutionalism in Comparative Analysis*, pp. 188 – 216. S. Steinmo, K. Thelen and Longstreth Eds. New York: Cambridge.

[159] Wilensky, Harold, L, 1975, *The Welfare State and Equality: Structural and Ideological Roots of Public Expenditure*, Berkeley, University of California Press.

[160] Wilensky, Harold L. , Lebeaux, Charles N. , 1958, *Industrial Society and Social Welfare: The impact of industrialization on the supply and organization of social welfare services in the United States*, New York: Russell Sage Foundation.

后　记

本书是在博士毕业论文的基础上撰写而成。博士毕业至今，已经超过 4 年，毕业论文的修改也断断续续持续了 4 年。现在得以出版，首先感谢北京工商大学经济学院的鼎力支持，也感谢王东岗编辑的大力襄助。现将博士毕业论文的致谢原封不动地附后，是为后记，更为留念！

2017 年 11 月 19 日

"十年磨一剑"，不知用这句话来形容我这 10 年的求学经历是否妥当？10 年前，在儿子出生之时，我萌发了考研的想法，首先要做的是把初中水平的英语重新捡起来，而此时丢开英语也已经整整 10 年了。

在这 10 年的求学历程中，有太多的人需我感谢，有太多事令我感动，有太多的情使我感恩：

首先感谢我那已经 60 多岁，依然耕田种地的父母。按照常理，我这 30 多岁的年龄正是勇挑家庭重担，以使父母颐养天年、及时享乐的时候，可是我却离家千里，到京求学，不能床前行孝，还使父母经常为我的生计而担忧，实在是"大逆不道"。好在古语说行孝的方式有"三"：养父母之身，慰父母之心，长父母之志。既然不能"养父母之身"，只能寄希望于"长父母之志"来宽慰自己了。

感谢我的导师郑秉文先生。感谢导师的渊博学识，使我有了治学的标杆；感谢导师的谆谆教诲，使我在学术道路上稳步前进；感谢导师的收留，使我能够读上博士。跟随导师，不仅是学术的熏陶、训练，更是人格的培养和完善。我经常用武林高手来形容导师：奠定江湖地位，不仅有才，更要有德。

感谢硕士导师杨立雄老师。感谢老师的严谨治学态度，使我不敢对学术有所马虎；感谢老师的殷切期望，使我时感重任在肩；感谢老师的时常教诲，使我的学术道路慢慢走向了正规。

感谢郑功成老师。感谢老师的家国情怀，使我们这些学子也不敢忘匹夫之责；感谢老师对公平正义的倡导，使我们感到学习社会保障的价值倍增；感谢老师的引导，使我得以在劳动人事学院读书。

感谢劳动人事学院仇雨临老师、潘锦棠老师、孙树菡老师，是他（她）们的教导、启发和诚恳的批评，使我在学业、学术道路上得以前进。

感谢劳动人事学院的韩克庆老师、杨俊老师、乔庆梅老师、鲁全老师、金丙彻老师，是他（她）们在课上课下的热心指导，使我得以在劳动人事学院完成硕士、博士阶段的学习。

感谢劳动人事学院的各位领导和教职工，是他（她）们为我提供了优厚的学习环境，得以在三年时间顺利完成学业。

感谢我在中正大学社会福利研究所交换期间遇到的老师、同学和朋友，他们使我见识了学识的渊博、学术的精深和人品的高洁。尤其是吕建德老师给予本篇论文的指导和鼓励，正是他建议我在学院研讨会（seminar）上做主题报告，接受老师、同学的提问和批评之后，使我对本篇论文才有了更大的信心。

感谢我的室友汪连新，是他的日夜不息的勤奋，激励我不敢有太多的懈怠；是他对每一个人无私的真诚，使我体会到人间真是有真情；是我们三年无间的交往，使我又增加了一个好兄弟、真朋友。

感谢我的博士班同学梅丽萍、华颖、陈雷、梁金刚、李亮亮、郭磊、张利军，是我们经常在一起的学习、讨论、吃饭、娱乐，使我倍感同学之谊、手足之情、朋友之重。

感谢我在河南老家的领导、同事、同学、朋友。他们的殷切期望，一直是我前进的动力；他们一如既往的支持，解除了我读书期间的经济负担；他们经常的关心和鼓励，使我感到不是一个人在战斗。

感谢我的妻子康秋云女士。是她厚德载物般的胸怀，容忍了我的"不务正业"；是她贤良的品德，给予了我无尽的关怀；是她勇挑家庭重担，使我求学之路无后顾之忧。

感谢我的儿子杨恪。是他的出生使我下定决心重新选择人生之路。

感谢祖上有德，护佑我能来北京见识世面，能走进知识的殿堂，能体验不同的人生境遇。

最后，斗胆品评一下本篇拙作。笔者一直认为，真正的学术主要是诠释问题，而不是解决问题。沿着这种思路，笔者不自量力地选择了解释我国基本养老保险模式形成的原因这一议题，在阐释过程中，愈发感到解释清楚这一议题的重要性。因为"朝闻道，夕死可矣"，作为世界上覆盖人群最多的一种养老金模式，我们不能天天研究它，却不知道它的来龙去脉，也是基于此，内心一直有个担忧，就是自己拙劣的学术能力是否在糟蹋这一重要议题。但好在有先贤的教导在先："高山仰止，景行行之，虽不能至，心向往之"，加上有一种阐释问题的信念在胸，支撑着自己硬着头皮写下去，才成就了这篇拙作。(2013 年 5 月 16 日杨建海谨识于人大品园宿舍)